Johann Hinrich Claussen

Gegenwindgedanken

Johann Hinrich Claussen

GEGENWIND-
GEDANKEN

Mit dem Fahrrad durch das Kirchenjahr

KREUZ

Für Brigitte Kehrl und Karin Plange

MIX
Papier aus verantwor-
tungsvollen Quellen
FSC
www.fsc.org **FSC® C106847**

© KREUZ VERLAG
in der Verlag Herder GmbH, Freiburg im Breisgau 2012
Alle Rechte vorbehalten
www.kreuz-verlag.de

Umschlaggestaltung: agentur IDee
Umschlagfoto: © Corbis
Autorenfoto: © privat

Satz: de·te·pe, Aalen
Herstellung: fgb · freiburger graphische betriebe
www.fgb.de

Printed in Germany

ISBN 978-3-451-61145-2

Inhalt

Anfahren

Wenn ich an meinem Schreibtisch sitze, dauert es nie besonders lange und schon kribbelt es im linken Bein, droht das rechte einzuschlafen, seufzt der Rücken, schweift der Blick aus dem Fenster, schaut den Wolken hinterher, verfolgt die Regentropfen, freut sich an Schneeflocken, sucht die Sonne. Und schon kann ich nichts mehr aufnehmen, komme auf keinen sinnvollen Gedanken, fällt mir kein treffendes Wort ein – schon gar nicht in dieser Dauersitzhaltung.

Glücklicherweise habe ich ein Fahrrad. Mit ihm bewältige ich fast alle meine Wege. Das ist immer schön, egal bei welchem Wetter. Ich bewege mich, die Beine bekommen wieder Blut und Nährstoffe, der Rücken richtet sich auf, die Lungen füllen sich mit frischer Luft, die Augen ruhen aus vom Kleingedruckten. Erfreut stelle ich fest, dass ich ja auch noch diesen Körper habe und dass es mir viel besser geht, wenn er sich wohl fühlt. Erstaunlich, dass er so wenig braucht, um in diesen Zustand gebracht zu werden. Normalerweise tut es schon ein kürzerer Arbeitsweg auf dem Fahrrad.

Nicht selten kommt es dann vor, dass – befördert durch die kreisartigen Beinbewegungen und die damit verbundene Aktivierung des gesamten Kreislaufs – auch mein Gehirn wieder in die Gänge kommt. Ein geordneter Denkvorgang wird damit allerdings nicht eingeleitet. Es ist eher so, dass Gelesenes und Erlebtes, selbst Geschriebenes und von anderen Gehörtes sich freundlich im Kreis dreht. Manches, das ich fast vergessen hatte, macht sich wieder bemerkbar, taucht unvermutet auf, verknüpft sich mit Anderem, Andersartigem und verbindet sich, wenn ich Glück habe, zu neuen Einfällen. Nie sind es ganze Sätze, die ich denke. Es sind nur Bruchstücke, biblische und literarische Splitter, meist nur einzelne Wörter, lose Haupt- und Nebenwörter, aus dem Zusammenhang gerissen, manchmal sogar Missverständnisse, wo ich mich verhört oder verlesen habe. Aber gerade sie werden mir zu Ohr- und Gehirnwürmern. Weil ich sie nicht gleich verstehe, weigern sie sich, von mir vorschnell in zerebrale Schubladen gesteckt zu werden. Also drehen sie sich in meinem Kopf weiter, während ich zur nächsten Verabredung radle. Sie haben sich in mir festgehakt, weil sie einen Widerhaken haben. Dieses Hakelige an ihnen reizt mich, lockt mich, verspricht mir eine Botschaft, die ich so noch nicht gehört habe.

Irgendwann kehre ich damit nach Hause, in meine Stube zurück. Ich hole dann das eine oder andere Buch wieder hervor, blättere in meiner Bibel nach, suche nach der Stelle, die sich in meinen Gedanken verhakt hat, versuche, den Zusammenhang zu verstehen, mir den ganzen Sinn zu erschließen, um schließlich etwas Eigenes daraus zu machen. Und ich setze mich auch wieder an meinen Schreibtisch und tue, was man dort tun sollte: Ich schreibe, Notizen, Predigten, Glossen für die Zeitungen vor Ort, theologische Artikel, Vorträge, lose Sätze. So ist dieses Buch entstanden, und so halten Sie jetzt ein theologisch-bicyklistisches Sammelsurium, eine Art Allwetterjahreslesebuch in den Händen. Für Fahrradfahrer und solche, die es werden wollen. Mit Fahrradgedanken und -gefühlen, mal fragmentarisch, mal fast fertig, mal pastoral, mal ganz profan. Schön wär's, wenn sie in Ihrem eigenen Kopf, sei es im Sessel oder bei eigenen Radtouren, weiter gedreht würden.

I.

FRÜHWINTER – ANFANG DEZEMBER – ADVENT

Das Rad der Zeit

Das Rad und die Zeit verbindet, dass sie keinen Anfang und kein Ende kennen, sondern sich im Kreise drehen. Man gibt dem Rad einen Impuls und schon rollt es dahin, bis ihm die Puste ausgeht. Der Zeit wurde vor fast einer Ewigkeit ein deutlich größerer Schubs gegeben und seither geht sie im Kreis. Natürlich ist das Rad in sich gegliedert. Es hat Speichen. Doch wenn es sich auch nur etwas schneller dreht, sieht man sie nicht mehr. Die Zeit geht langsamer und in unseren Breiten hat sie vier große Speichen, die man gut wahrnehmen kann: die Jahreszeiten. Doch keine von ihnen kann für sich den Anspruch erheben, die erste zu sein. Auf ein Mindestmaß an Orientierung aber bin ich angewiesen. Deshalb halte ich mich gern an die alte kirchliche Tradition, die jährliche Zeitrechnung in der kalten Jahreszeit beginnen zu lassen. Am ersten Advent, der zwar nicht mit dem Winteranfang zusammenfällt, aber doch nah dran ist, beginnt der Zyklus der kirchlichen Feste, der meinem Arbeiten als Pastor den Rhythmus vorgibt. Und da ich zugleich das ganze Jahr hindurch Rad fahre und nicht wie manche Schönwetterbicyklisten feierlich einen Saisonbeginn im Frühsommer begehe, ist es mir recht. So beginnt mein Berufsjahr im Winter, führt über Frühling und Sommer zu seinem Ende am Ewigkeitssonntag im Spätherbst, während mein Fahrradjahr als ewige Wiederkehr des Gleichen im Kreis geht.

Es tut einfach gut, zu jeder Jahreszeit Rad zu fahren. Denn diese Art der Fortbewegung ist keineswegs nur bei gutem Wetter, unter einer ungetrübt hellen Sonne eine Freude. So richtig spürt man sich erst, wenn es gegen Schlagregen, Hagel und scharfe Winde geht. Wenig ist so erhebend, wie über einer festen, trockenen Schneeschicht daherzurollen, dem eigenen dampfenden Atem hinterher. Es muss das Ergebnis einer erfolgreichen Massenmanipulation der Autoindustrie sein, dass so viele Menschen meinen, man dürfe nur im Frühjahr mit dem Fahrradfahren beginnen und müsse es mit Ablauf des Herbstes einstellen. So fahre ich das Jahr hindurch und beginne meine Gegenwindgedanken im Advent.

Sanftmütigkeit

Manchmal hat man einen Wurm im Ohr. Ein Fetzen Melodie ist das, eine abgerissene Textzeile, eingenistet irgendwo im Gehörgang. Er summt so vor sich hin, meldet sich in jedem stillen Moment, wie ein kleiner Schwindel. Manchmal ist das ärgerlich, weil es sich um ein eigentlich scheußliches Liedchen handelt. Manchmal aber ist es fein, solch einen inneren Überraschungsgast zu haben, eine schöne Melodie, ein paar gute Worte, die einen beschwingen, trösten, erheitern, ohne dass man es darauf angelegt hätte. So war es bei mir in der letztjährigen Adventszeit. In diesen Wochen ging mir dauernd diese eine Zeile durch den Kopf: »Sanftmütigkeit ist sein Gefährt.« Sie stammt aus dem altbekannten Lied »Macht hoch, die Tür, die Tor macht weit!«. Dort heißt es in der zweiten Strophe: »Er ist gerecht, ein Helfer wert; Sanftmütigkeit ist sein Gefährt.« Warum hatte sich gerade diese Textzeile in mir festgemacht? Vielleicht weil sie so barock verschmockt ist? Oder weil sie so bekannt und doch so rätselhaft ist? Denn was ist das eigentlich: Sanftmütigkeit? Und inwiefern kann sie ein Gefährt sein? Natürlich, sanftmütige Fortbewegungsmittel lösen sogleich freundliche Assoziationen bei mir aus, zum Beispiel Gedanken an mein treues Fahrrad. Aber das kann ja nicht gemeint sein.

Während ich diesen Vers mit mir durch den Advent trug, gesellte sich bald die Erinnerung an eine Skulptur dazu. In der Mittelalterabteilung des Berliner Bode-Museums hatte ich sie einmal gesehen. Riesige Kruzifixe hingen da von der Decke. Überwältigend: Romanische Christusse am Kreuz, enorm lang gestreckt, mit bedrohlich weit ausgebreiteten Armen, mit finster zerrissener Miene. Schmerzensmänner aus dem frühen, noch sehr dunklen Mittelalter, vielleicht drei Meter groß und grauenvoll, zum Fürchten und Erschrecken. Ich war unwillkürlich zurückgewichen und wäre fast über eine viel kleinere Figur gestolpert, die hinter mir auf dem Boden stand. Gerade rechtzeitig hatte ich sie noch bemerkt und mich umgedreht. Da stand ein kleiner Jesus aus Holz, das heißt: Er stand nicht, er saß auf einem kleinen Holzesel. Eine schlichte, fast derbe Skulptur, alt, lädiert und dadurch so bescheiden und freundlich. Ich weiß auch nicht warum, aber der Anblick von Eseln löst bei mir sofort Sympathie aus, besonders dieser Holzesel aus dem frühen Mittelalter, das dann vielleicht doch nicht so finster war. Sind Esel sanftmütig, fragte ich mich? Leider kenne ich keinen persönlich. Ich hatte immer gedacht, Esel seien vor allem störrisch. Aber nein, dieser Esel war die Sanftmütigkeit selbst. Und auf ihm saß ein Jesus, der ganz anders war als die riesigen Schmerzensmänner, die hier von der Decke hingen. Er war viel kleiner, reichte mir vielleicht gerade bis zur Brust. Sanft wirkte er, sehr sanft, sehr ungöttlich. Fast ein bisschen lächerlich schaute er aus. Dieser Holz-Jesus also saß auf einem Esel, und dieser Esel stand auf einem Brett, und dieses Brett hatte Räder untendran. Mit ihm vorneweg und den Priestern sowie dem Kirchenvolk hinterdrein gedachte man in feierlichen Umgängen des Einzuges Jesu nach Jerusalem. Wie passend, so ein Eselchen war doch das einzig angemessene Fortbewegungsmittel für diesen König, der anders sein wollte als alle anderen Könige, nämlich unmajestätisch, eben sanftmütig. So wurde mir diese Eselsskulptur zu einem regelrechten Augenwurm und verband sich mit dem Ohrenwurm: »Sanftmütigkeit ist sein Gefährt.«

Aber was ist Sanftmut? Zunächst schlicht das Gegenteil von Gewaltsamkeit. Sanft ist ein Mensch, der sich nicht vom Zorn hinreißen lässt, der behutsam mit anderen umgeht. Sanftmut ist dabei mehr als die Art eines einzelnen Verhaltens, sondern eine ganze Lebenshaltung. Sie ist eine Art von Vorsicht, die keinen Schaden an andere herankommen lassen will. Es ist ein verbreitetes, dummes Missverständnis, Sanftmut mit Feigheit gleichzusetzen, so als wäre der Sanfte mutlos, ärmlich, niedrig, unterwürfig. Schwach ist in Wahrheit der Unsanfte, der Zornmütige oder Jähzornige. Denn er kann sich selbst und seine bösen Gefühle nicht beherrschen. Der Sanftmütige besitzt eine innere Stärke: Er kann Rücksicht nehmen, verzeihen, Frieden stiften. Er kann das, weil er sich selbst zu beherrschen weiß. Und darum ist er der eigentlich Mutige. Äußerlich kommt die Sanftmut unscheinbar oder armselig daher. Deshalb bewundert man eher die Prächtigen und Mächtigen, die Stolzen und Kalten, deren Gefährt eine strahlende Herzlosigkeit ist, die von ihren hohen Thronen grußlos auf den weniger privilegierten Rest der Menschheit herabsehen. Man bewundert sie eher, aber beneiden sollte man sie nicht. Denn ihnen, den Hartmütigen, fehlt etwas Entscheidendes: Respekt für andere, Nachsicht, Freundlichkeit, Güte und Humor – all das, was nur aus einem sanftmütigen Herzen quellen kann.

Gegenwärtig ist viel von den sogenannten Werten die Rede, meist aber nur die Rede. Man beachtet nicht recht, dass Werte wertlos sind, wenn sie nicht das eigene, alltägliche Leben bestimmen. Wenn Werte aber Teil der eigenen Lebenshaltung werden, nennt man sie Tugenden – ein weiteres schönes altes Wort. Unter den christlichen Tugenden ist die Sanftmut für alle Beteiligten die wohl angenehmste. Der Apostel Paulus stellt sie in eine Reihe mit der Demut und der Geduld. Und wir könnten sie gut gebrauchen, weil uns so häufig das Gegenteil begegnet: verhärtete Herzen, die alles für sich haben, verwerten und ausnutzen wollen, Unversöhnlichkeit in der Familie, Neid und Häme in der Nachbarschaft, rücksichtslose Konkurrenz im Beruf. Da sind wir täglich gefordert, nicht Gleiches mit Gleichem zu beantworten, uns nicht gemein zu machen, sondern anders zu sein, nämlich uns nicht vom Bösen überwinden zu lassen, sondern Böses mit Gutem zu überwinden. In der Familie: unsere Liebe frei zu verschenken, ohne nachzurechnen. In der Freundschaft und der Nachbarschaft: uns an den Erfolgen anderer mitzufreuen und ihre Traurigkeiten mitzudurchleiden. Im Beruf: nur den Vorteil zu suchen, der anderen nicht zum Nachteil wird. Also den anderen zu geben, was wir uns selbst von ihnen wünschten: nichts Hartes und Feiges, sondern etwas Sanftes und zugleich Mutiges. Die Lebensfrage von Martin Luther lautete: Wie bekomme ich einen gnädigen Gott? Unsere Frage wäre wohl eher: Wie bekommen wir gnädige, also sanftmütige Menschen? Aber bevor wir diese Frage an andere richten, müssten wir uns selbst ihr stellen: Wie werden wir selbst sanftmütige Menschen?

Paulus hat die Sanftmut eine »Frucht des Geistes« genannt. Ihr Urbild hat sie in Jesus Christus. Der hat seine Botschaft so verkündet, dass Menschen sich frei zu ihr bekehren konnten, nämlich nicht mit Feuer und Schwert, sondern mit Demut, Geduld und Sanftmut. So war es am Anfang, die ganze Geschichte des Christentums über und so ist es auch heute noch: Der christliche Glaube überzeugt dann, wenn er dem Vorbild Jesu treu bleibt. Wenn er nicht mit staatlicher Macht und politischer Gewalt, mit klerikalem Gepränge und bürgerlichem Sozialdruck daherkommt, sondern wenn er sanftmütig ist. Deshalb ist es so wichtig, dass Christen auf Christus schauen und von seiner Sanftmütigkeit lernen: »Kommt her zu mir, alle, die ihr mühselig und beladen seid; ich will euch erquicken. Nehmt auf euch mein Joch und lernt von mir; denn ich bin sanftmütig und von Herzen demütig; so werdet ihr Ruhe finden für eure Seelen.« Ruhe finden für unsere Seelen, das wäre schön: endlich Ruhe finden, sich lösen von Daseinskampf und Daseinskrampf, einfach werden, frei und rein, ins Reine kommen mit sich, den Nächsten und mit Gott, Frieden finden, Frieden stiften, Sanftmut lernen.

Weihnachtsrummel

Im Einzelhandel gilt im Dezember eine andere Zeitrechnung als in den Kirchen: Dort ist Advent, hier ist Vorweihnachtszeit. Wenn ich in diesen Tagen so durch die Innenstadt fahre, denke ich mir manchmal: Eigentlich müsstest Du bei all diesen Gewerbetreibenden eine Gebühr einziehen. Denn dass vor allem Einzelhandel und Konsumgüterindustrie vom Christfest profitieren, dürfte nicht im Sinne des Erfinders sein. Wäre es nicht angebracht, zumindest einen Teil davon einzuziehen, um ihn dann guten Zwecken zuzuführen? Wie wäre es also, wenn die Kirche eine »Weihnachtsgebühreneinzugszentrale« (WEZ) einrichtete? Aber das wäre wahrscheinlich mit einem allzu hohen Verwaltungsaufwand verbunden, zudem hat das Vorbild der öffentlich-rechtlichen GEZ kein Image, das man teilen möchte. Also lasse ich meinen losen Gedanken gleich wieder fahren.

Doch: Wem gehört Weihnachten? Ursprünglich natürlich allein der Kirche. Aber im 19. Jahrhundert – im Zuge der Verbürgerlichung des Christentums – löste sich dieses Fest von seinen theologischen Grundlagen und entfaltete ein Eigenleben. Seitdem haben die Kirchen keine Deutungshoheit mehr. Ist das nur beklagenswert? Dass die Menschen die christliche Botschaft in die eigenen Hände nehmen und in die eigenen vier Wände tragen, könnte auch ein Zeichen religiöser Demokratisierung sein. Der christliche Glaube lebt nicht nur in der Kirche, sondern vor allem im eigenen Leben, in der Familie. Wenn man nicht so daran gewöhnt wäre, müsste man darüber staunen, dass in der vermeintlich so gott- und glaubenslosen Gegenwart fast jeder deutsche Haushalt dieses christliche Fest feiert. Dass diese Breitenwirkung mit Niveauverlusten verbunden ist, sollte man wohl am besten gelassen hinnehmen.

Manchmal allerdings wird es mir mit der Kommerzialisierung zu viel. Dann beschleicht mich eine andere Idee. Wenn man schon keine WEZ gründen kann, wie wäre es dann mit einem »Weihnachtlichen Überwachungsverein« (WÜV), der die gröbsten Auswüchse – an unlustigen Weihnachtsparodien, hässlichen Nikolausmützen, Lichtsmog verursachenden Lichterketten und musikalischem Gruselkitsch aus dem Verkehr zöge?

Aber so weit reichen meine Kompetenzen nicht. Mir gehört Weihnachten eben nicht. Wem aber gehört Weihnachten? Jedem, der es bewusst feiert, der sich freut, anderen Freude schenkt und dieser gemeinsamen Freude auf ihren letzten Grund geht. Und das ist Jesus Christus, die Mensch gewordene Liebe Gottes.

Lästig am Weihnachtsrummel ist, dass er immer früher beginnt. Ein Vorteil ist, dass er so pünktlich aufhört. Man muss nur einmal am 25. oder 26. Dezember durch die Verkaufsstraßen fahren, um zu beobachten, wie die Weihnachtsverwerter die saisonale Abrüstung vollziehen. Für die Kirche aber fängt Weihnachten mit dem Heiligen Abend erst an – und dauert dann bis zu Maria Lichtmess, dem 2. Februar. So lange wird in der Kirche noch Weihnachten gefeiert. In dieser langen Zeit nach dem Heiligabend gehört Weihnachten den Christen wieder ganz allein.

Dämmerstunde

Der Advent ist eine Zeit der Dämmerung. Dunkelheit herrscht – fast noch, nicht mehr. Lichtes mischt sich in das Finstere. Doch es ist kein helles, scharfes Licht, das die Wände der Finsternis durchschnitte. Es sind schwache Lichtschwaden, die durch die Nacht treiben. Es ist ein nebelhaftes Leuchten, wie in die Nacht hineingewischt. Es ist nicht zu fassen. Man kann nicht sagen, ob es stärker wird oder schwächer. Die Welt bleibt diffus, und man selbst schwebt zwischen Tag und Nacht, Nacht und Tag. Ob es bald Morgen wird? Wo ist man eigentlich? Bin ich schon wach, oder träume ich noch? Ist es soweit, oder habe ich noch Zeit? Unschlüssig dreht man sich, wälzt sich, schreckt auf, sinkt zurück in wirre Träume, wischt sich den Schlaf aus den Augen, steht endlich auf, müde vom Liegen. Es dämmert, aber was? Was wird er bringen, der neue Tag – wieder nur nasse Kälte? Es ist gar nicht so leicht, sich in der Dämmerung auszurichten, aufzurichten, man kann ja nicht wissen, was hinter diesem Nebelvorhang aus Licht und Dunkel wartet, droht oder lockt.

Advent ist eine Zeit der Dämmerung. Im jahreszeitlichen Sinn, aber auch in einem tieferen, kirchenjahreszeitlichen Sinne: Advent ist die Weltjahreszeit der Dämmerung. Es ist dunkel, feucht, kalt. Die Nacht streckt sich weit in den Tag hinein. Auf irgendetwas ist sie ausgerichtet, etwas Großes und Helles. Aber man sieht dies noch nicht. Man sieht nur all diese Mühseligkeiten, Elendigkeiten, diese Fülle von Nöten und Katastrophen, von Ängsten und Sorgen. Es soll hell werden, aber noch ist die Welt unbehaglich und man selbst unbehaust. Was die Zukunft bringen soll, taucht nur langsam aus der Dunkelheit, nur in schwer zu deutenden Umrissen auf. Man fühlt sich wie der alte Rabbi, der jeden Morgen an das Fenster trat, kurz hinaus in den alltäglichen Schlamassel schaute, um seiner Frau dann Bescheid zu sagen: »Wie es scheint, ist der Messias auch heute nicht gekommen.«

Das also ist aus den großen Heilsverheißungen geworden: ein täglich auf's Neue enttäuschter, resignierter Blick aus dem Fenster? Dabei waren die großen Propheten selbst Nachtmenschen, die fragend, zweifelnd in die Dämmerung schauten. Als Morgenwächter blieben sie Dämmerungsmenschen. Beim Propheten Jesaja findet sich dieser Wechselruf. Menschen rufen zu ihm: »Wächter, wie ist die Nacht bald hin?« Und er ruft zurück: »Wenn auch der Morgen kommt, so wird es doch Nacht bleiben.« Ist die Nacht bald hin, da Gott fehlt, schweigt, schläft? Wann kommt der Tag, der Frieden bringt und Nahrung, sicheres Wohnen und Gerechtigkeit? Wann endlich dämmert uns eine neue Welt?

»Wächter, wie ist die Nacht bald hin?« Auf diesen Ruf antwortet auch der Prophet Jeremia, noch so ein einsamer Rufer in der Dämmerung: »Siehe, es kommt die Zeit, spricht der Herr, dass ich dem David einen gerechten Spross erwecken will. Der soll ein König sein, der wohl regieren und Recht und Gerechtigkeit im Lande üben wird. Zu seiner Zeit soll Juda geholfen werden und Israel sicher wohnen. Und dies wird sein Name sein, mit dem man ihn nennen wird: ›Der Herr unsere Gerechtigkeit‹.« Ein neuer Morgen für Israel, sicher soll es wohnen im eigenen, nicht mehr verfluchten, sondern gelobten, geliebten Land, einem Land der Gerechtigkeit mit einem neuen König, der wird gerecht richten, der wird es richten. Was für eine Verheißung, doch was ist daraus geworden? Der alte Rabbi, würde er heute in Jerusalem wohnen und morgens aus dem Fenster schauen – was würde er sehen, was würde er sagen? Doch wohl, dass auch heute der Messias nicht gekommen ist.

Advent ist die Zeit der Morgendämmerung. Liedzeilen fallen mir ein: ›Die Nacht ist vorgedrungen, der Tag ist nicht mehr fern‹, ›Es kommt der Heiden Heiland‹, ›... ein neuer König, der Gerechtigkeit bringt und Frieden‹, ›Jesus Christus herrscht als König‹, ›Er ist gekommen und wird wiederkommen‹, ›Dann werden wir sicher wohnen‹. Aber wenn wir aus dem Fenster schauen, sehen wir nur Dämmerung. Tief sind wir in diese Dämmerung verstrickt. Die ersten Christen schrien: »Maranatha, Herr komm bald!« Komm bald, brich an du schönes Morgenlicht. Doch schon bald waren viele von ihnen enttäuscht.

Und doch leben wir in einer neuen Weltzeit, aber eben anders als gedacht, ganz anders.

Mitten im »Dritten Reich« schrieb Theodor Haecker, ein Unbeugsamer, ein Einzelgänger, väterlicher Freund von Sophie Scholl und ihrem Kreis, Lehrer der Weißen Rose, zum Advent: »In der Nacht war ein Licht, das wieder Nacht wurde. Einer wacht auf, die Augen und die Wangen von Tränen nass. Er weiß, dass er einen Traum gehabt hat, aber er weiß nicht mehr, was er geträumt hat. Und doch wird von dieser Nacht an sein Leben anders sein. Er hat ein Licht mitbekommen, das ihn eine ganz neue Dimension des Seins sehen lässt. Aber die Quelle dieses Lichtes liegt in völligem Dunkel.«

Ein fremdes Licht durchdringt die Nacht. Es ist ein paradoxes Licht, denn es will im Dunkeln wohnen und erleuchtet doch die Nacht. Es kommt von einem fremden, befremdlichen König her. Der ist ein Mächtiger, aber ohne Gewalt. Auf einem Esel kommt er daher, kommt herunter zu den Menschen, ein heruntergekommener Gott. Sein Licht leuchtet. Es scheint in die Finsternis, aber die Finsternis hat es nicht begriffen. Dämmerung.

Wünschen

Wunschzettelzeit. Vor über vierzig Jahren hat meine Mutter regelmäßig für den Hamburg-Teil der Tageszeitung *Die Welt* kleine Kolumnen verfasst. Eine hat sie mir aufbewahrt. Sie handelt von mir und vom Advent. In ihr berichtet meine Mutter der interessierten Öffentlichkeit, was ich mir – als damals Fünfjähriger – zu Weihnachten gewünscht hatte: »Ein Rennauto zum richtig Reinsetzen und einen

Sturzhelm dazu, Gummistiefel für den Teddy, ein Go-Cart, einen lebendigen Zirkusdirektor und ein elektrisches Ritterschloss.« Hanseatisch zurückhaltend war das nicht, aber immerhin fantasiebegabt. An meinem Realitätssinn habe ich danach allerdings noch stark arbeiten müssen. Was wollte ich nur mit einem lebendigen Zirkusdirektor?

Und heute? Im direkten Vergleich scheinen mir die Wünsche ausgegangen zu sein. Das ist nicht weiter schlimm. Es geht mir gut. Das meiste, was ich brauche, habe ich schon. Und das, was ich mir wirklich ersehne, ist zu abstrakt, als dass es auf einen Wunschzettel gehörte, und zu groß, als dass es auf einen Gabentisch passte. Ich wünsche mir eine Verwandlung dieser Welt. Ich denke an den Propheten Jeremia, an die kühne Hoffnung, die aus seinen Texten spricht: »Siehe, es kommt die Zeit, dass ich dem David einen gerechten Spross erwecken will. Der soll ein König sein, der wohl regieren und Recht und Gerechtigkeit im Lande üben wird. Zu seiner Zeit soll Juda geholfen werden und Israel sicher wohnen.« Diesen Wunsch spreche ich, der ich sonst so wunschlos bin, gern nach: Dass alle Menschen in Israel, in Palästina, aber auch bei uns und überall sicher wohnen. Dass in allen Ländern recht gerichtet wird und Gerechtigkeit herrscht.

Jesus hat die Hoffnung auf einen neuen König erfüllt, indem er sie gebrochen und verwandelt hat. Die Gerechtigkeit, die er brachte, hat eine untergründige Kraft, die im Stillen, in der Verborgenheit des Gewissens wirkt. Diese Gerechtigkeit hat noch keine dingfeste Verwirklichung gefunden. Aber sie lebt weiter als der größte und schönste Wunsch.

Übrigens, einen lebendigen Zirkusdirektor haben mir meine Eltern natürlich nicht geschenkt. Auch einen Rennwagen gab es nicht. Aber immerhin die Gummistiefel für den Teddy habe ich bekommen. Sie waren knallig rot. Ich besitze sie immer noch. Unsere Kinder haben sie jetzt in Gebrauch. Unter Nachhaltigkeitsgesichtspunkten war das ein ziemlich sinnvolles Geschenk.

Schenken

Häufig wird darüber geklagt, dass die Adventszeit so anstrengend sei, weil man all die vielen Geschenke zu besorgen habe. All die Wege und Gänge, das ganze Gedränge und Geschiebe. Vielleicht hilft da ein Gedanke aus Bertolt Brechts Theaterstück »Der gute Mensch von Sezuan«. Darin fragt sich der Weise Shen Te, ob es nicht eigentlich viel zu anstrengend ist, seine Mitmenschen immer nur zu treten. Die Stirnader schwelle einem doch dabei an, vor lauter Mühe, gierig zu sein. Wie viel leichter und natürlicher wirke es doch, dem Mitmenschen die Hand entgegenzustrecken, um ihm etwas Gutes zu tun. Wie angenehm es doch wäre, freundlich zu sein. Und ihm entfährt der Seufzer: »Ach, welche Verführung zu schenken!«

Welche Verführung, zu schenken – das ist eine überraschende Moralpredigt. Als rechter Protestant hält man es eher mit dem Gegenteil. Das Tun des Guten ist eher eine Pflicht, äußert sich in Verzicht, vollzieht sich in Selbstüberwindung. Gut ist eine Handlung erst dann, wenn sie wenigstens ein bisschen weh tut. Sonst gilt sie für viele Protestanten nicht. Doch das ist, wenn man auf Shen Te hört, grundfalsch. Denn es ist anstrengender und schmerzhafter, böse zu sein als zu treten und zu grapschen, zu kämpfen und zu streiten, zu feilschen und zu schachern, zu lästern und zu lügen, zu jagen und zu töten. Leicht wird das Leben erst, wenn man einander gut ist, höflich aufeinander achtet, freundlich übereinander spricht. Und am deutlichsten zeigt sich diese Leichtigkeit des Guten im Schenken. Daran muss man sich als Protestant wohl noch gewöhnen. Vielleicht hilft einem da ein evangelischer Weiser weiter. Albrecht Goes hat etwas Ähnliches wie Brecht zu sagen versucht, aber als guter Protestant zunächst das Schwere am Schenken herausgestellt: »Schenken ist schwer. Zur rechten Stunde schenken, im rechten Maß, im rechten Bedacht also und nicht weniger im rechten Unbedacht. In der rechten

Kühnheit, aus dem Augenblick heraus, mit aller Unmittelbarkeit; so zu schenken, dass das Geschenk ein Gruß ist, ein Gruß – nicht mehr: keine Bindung. Eines scheint noch schwerer zu sein: sich beschenken zu lassen, bereit zu sein für das, was verheißen ist: die große Schenkung.« Schenken ist schwer, wahrscheinlich weil es so leicht ist. Die Leichtigkeit des Guten zu begreifen, ist eine besondere Herausforderung: freundlich sein, nichts erzwingen, sondern das Gute geschehen lassen, spontan, es einfach tun ohne Nebenabsichten, ohne dabei etwas für sich zu wollen, also nicht binden, sondern einfach nur grüßen. In diesem Sinne wäre das Schenken ein Inbegriff von Nächstenliebe.

Kürzlich hat ein Rechtshistoriker mich mit dieser interessanten Belehrung beschenkt: Im alten römischen Recht waren Schenkungen nicht vorgesehen. Das Rechtsinstitut Schenkung gab es nicht, weil die alten Römer sich nicht vorstellen konnten, dass einer einem anderen einfach so etwas überlässt. Entweder müsste dahinter ein arglistiger Plan stecken und die Schenkung wäre ein Betrug, dann musste der Beschenkte vor dem Beschenktwerden geschützt werden. Oder aber der Schenkende wäre nicht recht bei Sinnen und die Schenkung eine Irrsinnstat, dann musste er vor sich selbst geschützt werden. Deshalb gab es im alten Rom das Rechtsinstitut der Schenkung nicht. Ob diese These wirklich stimmt, weiß ich nicht. So dumm können die alten Römer ja eigentlich nicht gewesen sein. Wie dem auch sei, es muss sehr traurig sein, in einer geschenklosen Kultur zu leben. Und es ist ein tiefes Glück, dass wir uns zumindest zu Weihnachten etwas bescheren. Denn das ist zutiefst christlich: einfach geben, nur um dem anderen zu nützen und ihn zu erfreuen. Also nichts damit erkaufen, nicht bestechen, nichts durch unmäßige Konsumgüterüberschüttung kompensieren, keine Lebens- und Liebesschulden abbezahlen. Es gibt nur diese eine Regel beim Schenken, nämlich dass man es einfach so tut. Und dann kann man es halten, wie man will. Dann kann man sich sogar – paradoxer Höhepunkt des Schenkens – verabreden, einander wenig oder gar nichts zu schenken. Auch das kann ein schönes Geschenk sein, weil es zeigt: Wir haben uns, das ist genug.

II

Richtiger Winter – 24. Dezember – Weihnacht

Nachtgespräche

Die Nacht hält ihre eigene Wahrheit bereit. Und die ist anders als die sonnenklaren Richtigkeiten des Tages, die sich begreifen und beweisen lassen. Sie ist nicht zu greifen und doch ergreifend, dunkel und licht zugleich, verborgen und offenbar in einem. Die Nacht hält ihre eigene Wahrheit bereit. Die Gedanken werden ruhig und beginnen eigene Wege zu gehen. Zugelärmtes macht sich bemerkbar. Zugedecktes meldet sich zurück. Träume werden wach. Fragen schweben empor. Das ist die Zeit für diese seltsamen Nachtgespräche, die anders sind als das Gerede des Tages.

Damals, als man jung und es egal war, wann man am nächsten Morgen aufstand oder ob überhaupt, da hat man ganze Nächte durchgeredet. Im Halbdunkel zusammengehockt, halb sitzend, halb liegend, ohne Gefühl für Zeit, und geredet, selten geradeaus, meist hin und her, Fäden aufgenommen und wieder fallen gelassen, ein Thema umkreist, abgeschweift, zurückgekehrt, im Dunkeln getappt. Aber manchmal brach etwas auf, kam etwas hervor: ein unverbrauchtes Wort, eine neue Idee, eine unerhörte Ehrlichkeit, eine Wahrheit, wie sie nur in der Nacht gesagt werden kann.

Für die Wahrheit der Weih-Nacht muss man gar nicht viel tun. Es genügt, wenn man diese Heilige Nacht bewusst auskostet und sich öffnet für ihre Frage. Und das ist die Frage nach Gott. Wo ist Gott? Gibt es ihn überhaupt? Gibt es ihn für mich? Plötzlich können diese Fragen in einem aufbrechen. Zum Beispiel wenn man in den Nachthimmel schaut. Man blickt empor in die hohe Sternendunkelheit, verliert sich in der schönen Unendlichkeit. Man fühlt sich aufgehoben, winzig und doch Teil eines großen Ganzen. Man schaut empor und fühlt sich für einen Moment ganz fromm. Doch dieser Moment geht schnell verloren. Man muss nur die Perspektive leicht verändern, und schon empfindet man das gleiche Himmelsbild ganz anders. Plötzlich ist es zum Erschrecken: Eine leere Unendlichkeit, ein toter Weltraum, der einen nicht kennt, kein Echo, kein Leben, kein Nichts, ein Gar-Nichts. Und ein Schwindel erfasst einen und man sucht nach einem Halt. Aber da ist kein Haltegriff im nächtlichen All. Was sagt man da, wenn das Nichts nicht das letzte Wort behalten soll?

Martin Heidegger soll die Nacht einmal als die »große Näherin« bezeichnet haben, weil sie die Menschen einander näher bringt. Das mag ein gelungenes Wortspiel sein oder auch nicht. Aber es ist schon etwas daran, die Nacht bringt Menschen einander nahe, allerdings auf eine dunkle, zwielichtige Weise. Im Schutz der Nacht ist einmal ein Mann zu Jesus gekommen, der große Fragen in sich trug, die er tags nicht zu stellen wagte. Er hieß Nikodemus. Fast erscheint er wie das Urbild des urbanen Suchers und Zweiflers, des religiös musikalischen Intellektuellen, der in nächtlichen Gesprächen seiner hin und wieder aufflackernden Neugier am Glauben nachgeht. Doch Nikodemus, ein Pharisäer, fest eingebunden in eine Glaubenstradition, in eine Lehre und Praxis der Frömmigkeit, religiös und bürgerlich gut etabliert. Er war also alles andere als ein Religionsflaneur. Und doch treibt ihn etwas dazu, mitten in der Nacht zu Jesus zu gehen. Denn er hat sich gewundert. Er hat die Zeichen Jesu gesehen und dessen ungeheuerlichen Anspruch gespürt. Er möchte nun wissen, was da dran ist.

Jesus entgegnet ihm streng: »Es sei denn, dass jemand von neuem geboren werde, so kann er das Reich Gottes nicht sehen.« Nikodemus dürfte ein Mann im besten Alter sein. Er steht in der Mitte des Lebens, ist fertig, hat eine feste Rolle, eine klare weltanschauliche Position, seinen Ort in der Gesellschaft gefunden. Es scheint nicht, dass er daran litte. Dennoch, sein Gang zu Jesus weist auf eine Sehnsucht hin – nach etwas Anderem, Überschießendem, unverbraucht Frischem, wunderbar Fremdem. Doch bei aller Abgeklärtheit hat sich Nikodemus die Fähigkeit bewahrt, ganz einfache Fragen zu stellen – wie ein Kind: »Wie kann ein Mensch geboren werden, wenn er alt ist?«

Das ist eine gute Frage. Aber Jesus geht nicht auf Nikodemus ein. Er führt kein Gespräch auf Augenhöhe. Er erteilt nur eine knappe, fast schroffe Unterweisung, die der Gast verwirrt mitnimmt wie ein Rätsel und die ihn begleitet, wenn er längst wieder in sein Leben zurückgekehrt ist: »Wahrlich, wahrlich, ich sage dir: Es sei denn, dass jemand geboren werde aus Wasser und Geist, so kann er nicht in das Reich Gottes kommen. Der Wind bläst, wo er will, du hörst sein Sausen wohl, aber du weißt nicht, woher er kommt und wohin er fährt. So ist es bei jedem, der aus dem Geist geboren ist.« Diese Rätselworte, abweisend und faszinierend zugleich, wirken in Nikodemus nach. Diese Nacht wird ihn verändern. Es bleibt in ihm dieser Stachel, dass er in Jesus wirklich Gott begegnet sein könnte. Und so könnte man in Nikodemus den Prototypus eines modernen Christnachtmenschen sehen. In der längsten und dunkelsten Nacht macht er sich auf, geht durch die dunklen, leeren Straßen in die Kirche zum späten, allzu späten Gottesdienst, um sich Fragen zu stellen, auf die er tags vielleicht nicht gekommen wäre oder die zu äußern er sich im hellen Sonnenlicht nicht getraut hätte. Und er hofft – vielleicht auch nur unbewusst – darauf, durch die Erinnerung an Jesus Christus mehr als nur eine einleuchtende Theorie, sondern wirklich eine Anschauung davon zu gewinnen, wer Gott für ihn ist und wie er wieder sein Kind werden könnte – so ein neugeborenes Kind, wie es Jesus damals war.

Nikodemus ist übrigens nicht zur Jesus-Gruppe konvertiert, ist am nächsten Morgen kein Jünger geworden, sondern ein Pharisäer geblieben. Aber ganz unberührt hat ihn der Geist nicht gelassen. Nikodemus blieb ein Sympathisant aus der Ferne, ein Pharisäer auf jesuanischen Abwegen. Aus der Distanz verfolgte er die Geschichte Jesu, bis zu ihrem bitteren Ende. An diesem Ende kommt er noch einmal zu Jesus, wieder im Schutze der Nacht. Nachdem Josef von Arimathia Jesus vom Kreuz genommen hat, kommt Nikodemus hinzu, bringt Myrrhe und Aloe. Gemeinsam binden, salben und pflegen die beiden den Leichnam des Toten und bestatten ihn in aller Würde und Ehrfurcht. In diesem Duft von Myrrhe und Aloe wird ein Wehen des Geistes gewesen sein, die späte Folge eines seltsamen nächtlichen Gesprächs.

Erwachsenes Weihnachten

Bei einem Kollegen habe ich eine schöne Unterscheidung aufgeschnappt. Sie stammt aus den Sudelbüchern von Georg Christoph Lichtenberg, dem alten, ewigjungen Aufklärer des 18. Jahrhunderts: »Es ist ein großer Unterschied zwischen etwas noch glauben und es wieder glauben. Noch glauben verrät Dummheit und Aberglaube, aber es wieder glauben, zeugt von Philosophie und Nachdenken.« Weihnachten ist nun eigentlich das Fest des Noch-Glaubens, das Fest des Kinderglaubens: überall diese Rauscheengel, himmlische Heerscharen, Friede auf Erden, alles ist gut, Christkind, Weihnachtsmann. Schön ist das, doch man wächst darüber hinaus. Gelegentlich ereignet sich ein Rückfall in Rührung und Weihnachtskitsch, in die religiösen Regressionen – das ist in Ordnung, aber auf Dauer hält das nicht. Irgendwann ist man groß und zieht aus diesem Kindermärchenhaus aus. Und dann? Manche sind dann obdachlos in einer Welt des Nicht-mehr-Glaubens. Sie sind selten stolz darauf, sondern meist traurig wie über einen großen Verlust. Aber gibt es keine Alternative zwischen Kinderglauben und Erwachsenenatheismus? Gibt es nicht auch diese rechte Mitte dazwischen: Einen reifen, durch Krisen hindurchgegangenen Glauben, der nicht »noch glaubt«, sondern »wieder glaubt«? Ein Glaube, der von Nachdenken zeugt – oder von Philosophie, wie Lichtenberg sagen würde – oder von Theologie, wie ich sagen würde. Das Noch-Glauben ist einfältig, das Wieder-Glauben ist eine schöne Kraft zum Leben. Wer so glaubt, der bleibt und wächst.

Was ist das für ein Glaube, dieser Wieder-Glaube? Er zeigt sich weniger in klaren Bildern, eindeutigen Sätzen, sichtbaren Riten. Er lebt eher in einem Gefühl, einer Grundstimmung, einer Haltung, einer Tugend. Und diese Grundstimmung hat Ähnlichkeit mit einem Gefühl, das die Christnacht prägt. Sie wird wach, wenn die Aufregung der Entspannung weicht, wenn nach einem aufreibenden Jahr, einer unruhigen Adventszeit, den eiligen Vorbereitungen, dem lärmigen Feiern, dem Essen und Trinken endlich Ruhe einkehrt. Wenn der Druck nachlässt und die Last abfällt, dann macht sich ein Gefühl breit, das der Ermattung ähnelt, mit dieser aber nicht zu verwechseln ist: die Gelassenheit. Sie gehört zu einer guten Christnacht. Sie ist auch die Grundstimmung des Wieder-Glaubens.

Was aber ist Gelassenheit? Dazu ein zweiter Gedankenanstuber, über den ich jüngst gestolpert bin. Er stammt von Friedrich Nietzsche. Man sollte sich von der atheistischen Fassade dieses Philosophen nicht täuschen lassen. Darunter findet sich oft eine tiefe, zarte Menschlichkeit und ein paradoxer Protestantismus, ein verborgenes Luthertum. Für das, was Gelassenheit sein kann, hat Nietzsche diese schöne Beschreibung gefunden: »Freiheit von Zwang, Störung, Lärm, von Geschäften, Pflichten, Sorgen; Helligkeit im Kopf; Tanz, Sprung und Flug der Gedanken;

eine gute Luft, dünn, klar, frei, trocken, wie die Luft auf Höhen ist, bei der alles animalische Sein geistiger wird und Flügel bekommt; Ruhe in den Souterrains; alle Hunde hübsch an die Kette gelegt; kein Gebell von Feindschaft und zotteliger Rancune; keine Nagewürmer verletzten Ehrgeizes; das Herz fremd, jenseits, zukünftig posthum.«

Gelassen sein, heißt frei sein. Von all dem, was bindet: die Verantwortung, die Pflichten, der Besitz, die gesellschaftliche Stellung. All das bringt Sorgen mit sich, Streit, Aufregung. Gelassen sein, heißt, innerlich frei werden davon. Gelassen sein, heißt, hell sein im Kopf. Abstand nehmen, zurücktreten, Überblick gewinnen und ein sicheres Urteil. Gelassen sein, heißt deshalb auch, atmen können, tief in den Bauch, frische Luft, Höhenluft. Denn gelassen sein, heißt, über den Dingen stehen. Vor allem über den eigenen niederen Trieben, den unfeinen Untermietern im eigenen Unterbewusstsein, den hässlichen Hunden der eigenen Seele, der Gier, den Nagewürmern verletzten Ehrgeizes. Gelassen sein, heißt vor allem, sich über sich selbst erheben.

Gelassenheit lebt aus einer doppelten Bewegung: dem Abstand-Nehmen und dem Sich-Hinwenden. Der Gelassene nimmt Distanz zur Welt und zu sich selbst. Aber in dieser Distanziertheit bleibt er nicht. Das unterscheidet ihn von dem nur Lässigen und Bornierten. Sondern der Gelassene geht auf Abstand, um die Freiheit zu gewinnen, die er braucht, um wieder die Nähe zu suchen. Er macht sich innerlich frei, um offen und empfänglich zu werden. Um anderen zu helfen, ohne dabei selbst etwas zu wollen. Gelassenheit ist eine besondere Art der Konzentration, nicht einfach der inneren Ruhe, sondern der empfänglichen Hingabe.

Es täte gut, wenn wir gelassener wären. Wir würden besser schlafen, ruhiger atmen, gesünder verdauen, uns harmonischer bewegen. »Ein gelassenes Herz ist des Leibes Leben, aber Eifersucht ist Eiter in den Gebeinen.« Das stammt nun weder von Lichtenberg oder Nietzsche, sondern aus den Sprüchen Salomos. Eifersucht und Gier sind

Eiter in den Gebeinen, aber Gelassenheit ist das Leben des Leibes – und der Seele, füge ich hinzu. Gelassener zu sein, täte uns und erst recht unseren Mitmenschen gut.

Wie aber gewinnt man ein gelassenes Herz? Nietzsche sagt, dass Gelassenheit aus einem jenseitigen Herz erwächst. Oder so lese ich ihn. Ich meine, dass ein Herz dann wahrhaft gelassen sein kann, wenn es ein Jenseits kennt – ein Jenseits, das die Kraft des Diesseits ist. Gelassen ist, wer sich auf ein Höheres verlässt, sich Gott überlässt. Dein Wille geschehe.

Ganz hinten im Neuen Testament findet sich eine kleine Beschreibung dessen, wie ein Bischof sein soll. Wichtigstes Einstellungsmerkmal ist die Gelassenheit. Ein Bischof soll nicht gierig sein, sondern nüchtern, maßvoll und gastfrei. Er soll nicht streitsüchtig, nicht geldgierig, sondern gütig sein. Er soll nicht auf schändlichen Gewinn aus sein, sondern treu in allen Dingen. Da evangelische Christen alle Priester und deshalb auch alle Bischöfe sind, ist das auch eine gute Profilbeschreibung für das eigene christliche Leben: nüchtern, maßvoll, gastfrei, gütig, treu, gelassen.

Die Tage danach

Als Kind war mir der Morgen danach fast lieber als der Heilige Abend selbst. Die Eltern und großen Geschwister schliefen noch tief und fest, da bin ich schon aufgestanden und im Bademantel, mit nackten Füßen in das Weihnachtszimmer geschlichen. Da stand der Baum schwarz und schwieg, nur die goldenen Kugeln schimmerten. Es roch nach Harz, Kerzenrauch und Bratenduft. Alles war noch da. Aber jetzt war es leise. Nur manchmal, wenn ich auf ein Stück herumliegendes Geschenkpapier trat, raschelte es zart. Eine »stille Nacht« habe ich als Kind nie erlebt. Dafür war meine Familie zu groß und lebhaft. Aber es gab diesen stillen Morgen danach, wenn die Aufregung sich gelegt hatte und der Festlärm verebbt war. Alles schlief, nur ich wachte einsam über das Weihnachtszimmer. Endlich hatte ich es für mich allein, konnte unbedrängt mit der Krippe spielen, die Geschenke der anderen begutachten, meine neuen Spielsachen untersuchen, meine Bücher betrachten, mir die eine oder andere Süßigkeit einverleiben.

Gibt es eigentlich noch ein Bewusstsein für die Schönheit der »Tage danach«? Oder hat sich der Spruch »Wenn's am schönsten ist, soll man aufhören« gesamtgesellschaftlich durchgesetzt? Weihnachten – das ist für die meisten bloß noch Heiligabend. Liegt es daran, dass die Geschäfte gleich danach auf Silvester umdekorieren und sofort anschließend die Frühlingsmode präsentieren? Ist der Grund also darin zu sehen, dass unsere Konsumgesellschaft mit langem Vorlauf auf ein Ereignis zusteuert, nur um sich gleich darauf auf das nächste einzustellen? Das aber verleiht unseren Festen etwas Kurzatmiges. Mir fehlt die Muße, genüsslich auszuatmen, weil schon das nächste Ereignis droht. Dabei brauchen nicht nur Trauer und Schmerz ein gehöriges Maß Zeit um auszuklingen, sondern auch die Freude und das Glück. Sie sind keine Instant-Emotionen. Sie müssen ausschwingen – so wie große Kirchenglocken.

Wegwerfen

Die Menschheit lässt sich in zwei Gruppen aufteilen, deren Gegensätzlichkeit gerade nach Weihnachten offenkundig wird: die Wegwerfer und die Aufbewahrer. Ich gestehe, dass ich zu den Wegwerfern gehöre. Diese stehen in keinem guten Ansehen, neigen sie doch dazu, pietätlos das zu entsorgen, was ihnen eben erst liebevoll zugedacht wurde. Dabei hat das Wegwerfen einen guten Sinn. Wer wegwirft, bewahrt sich Freiheit, urteilt, wählt aus und schafft Freiraum für Neues. Damit will ich nicht sagen, dass die Aufbewahrer unfreie Wesen wären. Sie zeichnet eine besondere Fähigkeit zur Dankbarkeit aus. Indem sie ihr Geschenk in Ehren halten, bewahren sie den Schenker in ihrem Herzen.

Die Schwierigkeit, die rechte Mitte zwischen aufbewahren und wegwerfen zu treffen, zeigt sich besonders im Umgang mit Geschenken von Kindern. Was sie einem gemalt, gesägt, geknüpft oder getöpfert haben, ist kein Konsumgegensand, den man gebrauchen könnte. Vielmehr zeigen sie einem in diesen Geschenken, wer sie sind und was sie vermögen. Sie schenken also sich selbst. Deshalb sind Kindergeschenke ein besonders schönes Echo auf das Weihnachtsgeschenk Gottes, der in Jesus Christus sich selbst allen Menschen geschenkt hat. Solche Selbstgeschenke darf man natürlich nicht unbesehen wegwerfen. Andrerseits kann man nicht alles mit Kinderbasteleien vollstellen. Gelegentlich muss man etwas wegpacken. Schließlich ist es Kindern, wenn sie größer werden, unangenehm, wenn die Manifestationen ihrer frühkindlichen Phasen immer noch auf den elterlichen Präsentiertellern stehen.

Als ich das Haus meines verstorbenen Vaters aufräumen musste, stieß ich zu meiner Überraschung auch auf Geschenke, die ich ihm vor über 40 Jahren gemacht hatte. Auf seinem Schreibtisch fand ich einen Behälter für Stifte – eine Laubsägearbeit, die man wirklich nur als unvollendetes Kunstwerk bezeichnen kann. Sie war auch so verstaubt, dass ich sie weggeworfen habe. Sie hatte nun lange genug ihren Dienst getan. Im Geschirrschrank entdeckte ich dann einen Eierbecher, den ich einmal getöpfert hatte. Er war fast unbenutzt, denn er war so wackelig geraten, dass man ihm aus Sicherheitsgründen kein Ei anvertrauen konnte. Ihn habe ich aufbewahrt. Er steht jetzt auf meiner Fensterbank, neben den letzten Weihnachtsgeschenken unserer Kinder.

❧ III. ❧

IMMER NOCH WINTER –
SYLVESTER – NEUES JAHR

Innovationen

Es gibt eine Lebensregel, mit der man nur gute Erfahrungen machen kann. Sie lautet: »Kaufe dir eine Erfindung erst, wenn sie kurz davor steht, veralten zu sein.« Dann nämlich weiß man, ob man sie wirklich braucht. Dann erst hat sie ihre Kinderkrankheiten ausgestanden und kostet nur noch halb so viel. Wer sich an diese weise Regel hält, schont Umwelt und eigene Nerven, denn er muss deutlich weniger Einkaufen gehen. Während die Freunde von mir, die immer alles Neue toll finden, sich den Kopf darüber zerbrechen, welches neue Handy sie sich kaufen müssen, um vorne mit dabei zu sein, bleibe ich meinem alten Ding treu. Es dient mir nun schon sieben biblische Jahre. Wenn ich es – wie stets zu meiner vollsten Zufriedenheit – bediene, ernte ich von den Immer-alles-Neue-toll-Finderinnen-und-Findern manchmal Blicke, in denen sich Verwunderung mit Nostalgie mischt. Tatsächlich, das hat es einmal gegeben: Handys, mit denen man nur telefonieren kann! Und was würden sie erst sagen, wenn sie sehen würden, was meine Frau und ich uns gemeinsam als Weihnachtsgeschenk gekauft haben? Da steht er nun in unserem Wohnzimmer: der neue Röhrenfernseher. Er gibt einfach ein schöneres Bild als all die unreifen Flachdinger, die in den Wohnungen der Nachbarn dumpf von der Wand glotzen.

»Die Letzten werden die ersten sein.« Damit hat Jesus natürlich etwas anderes gemeint als meine persönliche Konsummaxime. Aber wer zu den überzeugten Late-Adoptern gehört, muss keine Angst haben, immer nur der Hinterletzte zu sein. Natürlich muss ich damit leben, dass ich die eine oder andere Innovation verpasse. So wie es aussieht, werde ich dereinst dieses irdische Jammertal verlassen, ohne auch nur ein Mal getwittert zu haben. Aber muss ich deshalb ein schlechtes Gewissen haben? Vielleicht trage ich mich einmal in dieses beliebte Gesichtsbuch ein. Aber keine Panik, Herr Zuckerberg! Dafür brauche ich noch etwas Zeit. Die können Sie in Ruhe nutzen, um zum Beispiel diese lästige Detailfrage mit dem Datenschutz zu klären oder die Frage leicht verständlich zu beantworten, wie man sich bei Ihnen wieder abmeldet.

Mit einer prinzipiellen Fortschrittsfeindlichkeit habe ich übrigens nichts zu schaffen. Ich nutze moderne Techniken gern, nur warte ich eben, bis sie wirklich funktionieren. Und wenn sie dies tun, bin ich gern bereit, in das Lob des Fortschritts einzustimmen. Als Fahrradfahrer habe ich dazu gleich dreifachen Anlass. Denn die drei Grundplagen des Radfahrens sind für alle Zeit behoben: 1. Seit es die unplattbaren Mäntel gibt, braucht man keine Angst mehr vor einem Platten zu haben, 2. mit dem Nabendynamo fährt man auch in regennassen Winternächten hell beleuchtet, 3. endlich gibt es Bremsen, die selbst bei Eis und Sturm funktionieren. Das alles habe ich mir besorgt, als ich mein neues Fahrrad kaufte und fahre nun noch lieber – und dem Fortschritt auf ewig dankbar – durch den Winter.

Orientierung

Eine Erfindung, die sich zum Glück noch nicht durchgesetzt hat, ist das Navigationsgerät für Fahrradfahrer. Der inzwischen serienmäßige Einsatz in Autos hat dazu geführt, dass viele Mitmenschen ihr eigenes Orientierungsvermögen verloren haben. Es ist wie damals mit den Taschenrechnern. Nachdem jeder sich einen zulegt hatte, war es dahin mit der Kopfrechenkompetenz der Menschheit. Ebenso sucht sich heute kaum noch jemand seinen eigenen Weg, sondern fährt nach Anweisung einer digitalen Stimme – außer uns Radfahrern.

Zeitmessen

Natürlich muss man, wie immer im erwachsenen Leben, auch auf dem Fahrrad auf die Zeit achten. Ist man im Plan, schafft man die nächste Verabredung, kann man sich Zeit lassen oder muss man in die Pedale treten? Der Radfahrer, der seine Zeit misst, wird dabei stets auf ein Instrument zurückgreifen, das fast so altmodisch wie das Fahrrad selbst ist: die Armbanduhr. Gegenüber dem Mobiltelefon hat sie immer noch den Vorteil, dass man sie im Handumdrehen vor Augen hat, sie also nicht mühsam aus irgendwelchen Taschen hervorklauben muss. Doch wie mit allen anspruchsvolleren Erfindungen dieser oder früherer Zeiten ist sie nicht nur ein Instrument, das wir benutzen, sondern wird sie zu einer Macht, die uns in Beschlag nimmt und verändert.

Das gilt besonders für Uhren. Denn wir Menschen sind Zeitwesen. Die Zeit, die wir durchleben, das sind wir selbst. Deshalb sagen die Instrumente, die wir zur Zeitmessung benutzen, viel über uns aus, zum Beispiel die Armbanduhr. Erfunden wurde sie in der Zeit der Reformation. Aber durchgesetzt hat sie sich erst zu Beginn des vergangenen Jahrhunderts. Dazu hat besonders der Erste Weltkrieg beigetragen. Denn noch zur Wende zum 20. Jahrhundert wurde die Armbanduhr fast nur von wohlhabenden Damen gekauft. Der »bessere Herr« trug weiterhin eine Westentaschenuhr. Aber die Taschenuhr wurde zunehmend als unpraktisch erlebt, besonders im Krieg. Die Offiziere hat ten Mühe, unter Kampfbedingungen einen schnellen Blick auf ihre Uhr zu werfen. Und das konnte in einem modern geführten Gefecht fatale Folgen zeitigen. So setzte sich die Armbanduhr bei den Offizieren durch und wurde anschließend auch bei zivilen Kunden immer beliebter. Seit den 1930er Jahren hatte sie die Taschenuhr endgültig verdrängt. Dazu trugen die vielen Angestellten bei, die einerseits ein zeitlich strikt geregeltes Berufsprogramm zu absolvieren hatten und die andererseits einer »sauberen« Arbeit nachgingen, bei welcher die Uhr weder großer Hitze noch plötzlichen Erschütterungen ausgesetzt war. Zudem wurde die Armbanduhr besonders im Sport sehr beliebt, der damals zur Massenbewegung wurde. Ausdauerschwimmer, Langstreckenläufer, Rennfahrer brauchten eine praktische Uhr, um ihre Leistungen zu überprüfen.

Der Massenabsatz der Armbanduhr blieb nicht ohne Folgen. Zunächst markierte die Armbanduhr einen Abschied von der alten obrigkeitlich geleiteten und religiös bestimmten Zeitkultur. Jeder Bürger trug nun seine Zeit am eigenen Handgelenk. Er musste also nicht mehr zum Kirchturm aufschauen. Damit verband sich eine egalitäre Tendenz. Ein eigenes Zeitgerät besaßen nicht mehr nur die oberen Stände, die sie als Renommierstück in ihrer »guten Stube« ausstellten, sondern alle, die einer sauberen Arbeit nachgingen. Damit verband sich eine Rationalisierung der Lebensführung. Der Bürger war nun eingefügt in einen festen Rahmen von Terminen, deren Einhaltung für ihn verbindlich, aber auch möglich war. Seitdem jeder eine präzise Zeitmessung bei sich führte, schwanden die Möglichkeiten, sich bei Unpünktlichkeit herauszureden. Der Gewinn an eigenem Zeitwissen verband sich mit gesteigerter Zeitdisziplin. Und sie war die Voraussetzung für eine leistungsfähige Berufstätigkeit. Man kann der Armbanduhr dabei auch einen konfessionellen Aspekt zuschreiben, ist sie doch Inbild eines strengen protestantischen Arbeitsethos. Es ist kein Zufall, dass die meisten Uhrenmacher Protestanten waren und in den protestantisch geprägten Teilen Süddeutschlands oder der Schweiz arbeiteten. Die Armbanduhr ist eine großartige Erfindung. Ohne sie könnte ich meinen Tag nicht so effektiv organisieren, so viele Aufgaben erledigen, so viele Strecken präzise bewältigen. Ohne sie könnte ich nicht so pünktlich mit anderen Menschen zusammenkommen, ohne Ärger, weil ohne Warten. Deshalb hat sie viele Mode- und Modernisierungswellen überlebt, zum Beispiel die Offensive der Quarzuhren in den 1970er Jahren. Und sie wird hoffentlich auch den Angriff der Schlaubergertelefone überstehen.

Doch auch die Armbanduhr besitzt ihre eigene Dämonie. Mit ihr kann ich meine Zeit berechnen und gestalten. Aber sie hat auch Macht über mich. Nicht selten ist sie wie eine Fessel. Man kann sie fast wie eine Handschelle empfinden, als Ausdruck einer selbstverschuldeten Fremdbestimmung. Ich weiß gar nicht, wie oft ich am Tage nach ihr sehe, ständig eigentlich, um Termine zu erreichen, um Gespräche zum Ende zu führen, Strecken abzuschätzen, während ich an Ampeln warte, aber auch zu Hause, um Schul-, Essens-, Zubettgehzeiten im Blick zu behalten. Und irgendwann spüre ich meinen eigenen Atem nicht mehr, höre nicht mehr meinen Puls, sondern nur dieses mechanische Tickticktick. Ich leide daran und bin es doch selbst, der mit jedem Uhrenaufziehen dieses Tickticktick von neuem in Gang setzt.

Doch es gibt eine Stunde, da schaue ich nicht auf meine Uhr, kein einziges Mal. Ich habe sie zwar noch um, aber ich merke sie nicht, beachte sie nicht, höre das Ticken nicht mehr, sondern konzentriere mich auf etwas ganz Anderes. Diese eine Stunde in der Woche, in der ich überhaupt nicht an meine Armbanduhr denke, sondern die Zeit einfach so durchlebe, so langsam oder schnell sie auch vergehen mag, das ist der Gottesdienst.

Ein Bibelvers, der klassischerweise im Gottesdienst zum Altjahresabend gelesen wird, stammt aus dem Hebräerbrief und lautet: »Jesus Christus gestern und heute und derselbe auch in Ewigkeit. Es ist ein köstlich Ding, dass das Herz fest werde, welches geschieht durch Gnade.« Es ist ein Glück zu erfahren, dass unsere getaktete Zeit nicht das Maß aller Dinge ist. Es ein Segen zu erkennen, dass sie umfangen ist von einer Ewigkeit. Es ist eine Gnade zu sehen, dass diese Ewigkeit keine abstrakte Unermesslichkeit ist, sondern ein uns zugewandtes Gesicht trägt: Jesus Christus. Dessen gewiss zu sein, ist heilsam, löst uns aus den Fesseln unserer Zeitverwaltung, macht das Herz fester. Das ist ein köstlich Ding.

❧ IV. ❧

SPÄTWINTER ODER VORFRÜHLING – PASSIONS- UND FASTENZEIT

Anhalten

»Werdet Vorübergehende« – lautet ein bedeutungsschwerer Vers aus dem Thomasevangelium, der sich zur Zeit bei spirituell Interessierten einer gewissen Beliebtheit erfreut. Ich muss gestehen, dass ich dieses gnostische Werk aus dem 2. Jahrhundert nie gelesen oder gar ernsthaft studiert habe. Diesen Vers habe ich bloß einmal aufgeschnappt. Ich weiß auch nicht, ob ich ihn richtig verstanden habe. Ich vermute nur, dass er darauf hinweisen will, dass die wahren Christen im Unterschied zu den halben Christen sowie dem Rest der unerlösten Menschheit nicht an den Dingen dieser Welt – dazu gehören gröbere wie feinere Freuden, aber auch Mitmenschen – festhalten, sondern federnden Schrittes an ihnen vorbeigehen, um möglichst flott und ungehemmt ins Himmelreich zu gelangen. Eine Maxime, die mir – wenn ich sie denn richtig begriffen habe – nicht sonderlich sympathisch ist. Doch zu meiner Schande muss ich gestehen, dass ich selbst ein Vorübergehender bin. Besser gesagt, ein Vorüberfahrender. Wenn ich nämlich mit dem Rad durch meine Gemeinde fahre, begegne ich häufig Menschen, die ich kenne und mit denen ich etwas zu bereden hätte. Das aber bringt mich in einen Zwiespalt, den so nur Radfahrer kennen. Autofahrer fahren viel zu schnell, um Bekannte auf dem Fußweg zu erkennen. Auch könnten sie gar nicht spontan anhalten und aussteigen. Als Radfahrer jedoch muss ich mich jedes Mal fragen: Hältst Du an oder fährst Du weiter? Manchmal nimmt mir äußerer Termindruck die Entscheidung ab. Häufig aber schwanke ich innerlich, denn ich habe es nur halb eilig, fühle mich jedoch zu müde oder zu zerstreut für ein Gespräch. Dabei ist mir natürlich bewusst, dass ein Pastor seine seelsorgerlichen Aufgaben erstaunlich gut in beiläufigen, alltäglichen Begegnungen auf der Straße erfüllen kann. Auch weiß ich eigentlich aus Erfahrung, dass solche unvermuteten Kurzgespräche meist die schönsten sind. Dennoch fahre ich nicht selten vorüber und hadere anschließend mit mir. Hättest Du doch angehalten! Als Radfahrer hättest Du die Chance dazu gehabt! Werde ein Anhaltender!

Auf das Fasten verzichten

Einer der größten Vorteile meiner Heimatstadt ist, dass man hier keinen Karneval feiern muss. In Grundschulen und Kindergärten können sich die Kleinen verkleiden und ausgelassen fröhlich sein, aber die Großen bleiben von karnevalistischen Umtrieben verschont. Während in südlicheren Landstrichen, die nicht mit protestantischer Nüchternheit gesegnet sind, an den vermeintlich tollen Tagen ein normales Leben kaum möglich ist, geht in Hamburg alles seinen angenehm üblichen Gang. Keine lauten Umzüge legen bei uns den Verkehr lahm. Als Fahrradfahrer hat man freie Fahrt. Auch sind keine Krawattenabschneidereien oder andere Grausamkeiten zu befürchten. Niemand fällt einem um den Hals oder nötigt zum Mitschunkeln. Man kann mitten in der Stadt ganz unbedrängt seine norddeutsche Miesepetrigkeit ausleben. Auch das ist ein Stück Freiheit. Hamburg bleibt Hamburg, ohne dass es singt und lacht.

An den einen großen Vorteil, den es mit sich bringt, ein hanseatischer Protestant zu sein, schließt sich gleich ein zweiter an. Da wir keinen Karneval feiern müssen, brauchen wir auch nicht zu fasten. Denn wer zuvor nicht über die Stränge schlägt, bedarf hinterher auch keiner Ausnüchterung. Und wer keine genussfreie Dürreperiode vor sich hat, verspürt auch nicht das Bedürfnis, vorher die Sau der guten Laune raus zu lassen. Gesund ist solch ein Wechsel zwischen den Extremen sowieso nicht. Der körperlichen und seelischen Gesundheit ist Mäßigkeit am zuträglichsten, also die Fähigkeit, dauerhaft eine gute Mitte zwischen Genießen und Entsagen zu finden.

Es hatte einen guten Sinn, dass die Reformatoren nicht nur den Karneval abschafften, sondern auch das Fasten. Vor einigen Jahren aber begannen die Protestanten damit, das Fasten neu einzuüben. Vielen Menschen wurde die wohltuende Wirkung eines bewussten Verzichtens vor Augen geführt. Wer in einer Konsumgesellschaft nicht Herz und Verstand verlieren will, tut gut daran, gelegentlich aus dem Kreislauf des Verzehrens auszusteigen. So kommt es, dass in der Fastenzeit sogar Hamburger sich in der Kunst des freiwilligen Verzichtens üben. Doch wenn ich mich einmal outen darf: Ich mache nicht mit. Denn es gibt gar nicht so viel, worauf zu verzichten mich wirklich so ganz furchtbar anstrengen würde. Suchtpotenzial hat bei mir vor allem das Zeitungslesen, und dazu lässt mein Berufsalltag eh nur begrenzten Raum. So verzichte ich lieber auf das Fasten in der Passionszeit und übe mich stattdessen das ganze Jahr über in Mäßigung. Um gleich noch einmal ehrlich zu sein, tue ich auch das nur mit mäßigem Erfolg. Schließlich soll man es auch mit der Mäßigung nicht übertreiben.

Ohne Beichte

Die Passionszeit vor Ostern ist traditionellerweise eine Zeit der Buße. Doch wer büßt und beichtet heute noch? Alle religionspädagogischen Bemühungen, den guten Sinn des Beichtens und Büßens »neu zu entdecken« – wie es dann heißt –, blieben ohne Erfolg. Auch wenn kaum ein Zeitgenosse mehr weiß, was es mit Büßen theologisch und historisch auf sich hat, ist die Ahnung weit verbreitet, dass es sich hierbei um eine inhumane Frömmigkeitsübung handelt. Nicht zu Unrecht.

Die Passionszeit als Bußzeit hat ihren Ursprung im antiken Gallien. Dort wurden am Aschermittwoch diejenigen, die sich etwas hatten zu Schulden kommen lassen, in Büßergewänder gesteckt, mit Asche bestreut und aus der Kirche verjagt. So wie Gott Adam und Eva nach dem Sündenfall aus dem Paradies vertrieben hatte. Das muss eine schreckliche Ächtung gewesen sein. Den anderen, die in der Kirche bleiben durften, muss bei dieser Art der Buße unwohl gewesen sein. Denn sie waren ja auch nicht ohne Sünde. Darum ersetzten sie die Vertreibung einzelner durch eine gemeinsame Buße. Alle empfingen am Aschermittwoch das Aschekreuz, und alle sprachen am Invokavit-Sonntag ein gemeinsames Beichtgebet. Denn alle sollten gleichermaßen mit sich und ihren Mitmenschen wieder ins Reine kommen und neue Freundschaft schließen mit Gott.

Im Mittelalter setzte sich dann die Ohrenbeichte durch. Der Gläubige musste seinem Priester in einem vertraulichen Gespräch seine Sünden offenbaren, um von diesem losgesprochen und zum Abendmahl zugelassen zu werden. Das mag in diesen fernen Zeiten zur Bildung einer Gewissenskultur beigetragen haben. Aber problematisch war schon damals das hierarchische Gefälle, das damit zwischen geweihten und nicht-geweihten Christen etabliert wurde. Übrigens nicht nur im Katholizismus. Noch weit bis ins 19. Jahrhundert war diese Praxis auch im Protestantismus üblich.

Während das Fasten eine gewisse Renaissance erfahren hat, scheint die Beichte inzwischen ganz im Dunkel der Kirchengeschichte verschwunden zu sein. Selbst kirchenfromme Katholiken nutzen dieses Sakrament kaum noch. Vielleicht weil sie sich so ungern an die mühsam zurechtgelegten Verfehlungen erinnern, die sie vor ihrer Erstkommunion beichten mussten, um der kirchlichen Regel Genüge zu tun. Eine für alle Beteiligte peinliche Angelegenheit. Kluge katholische Theologen weisen übrigens darauf hin, dass der sexuelle Missbrauch in der Kirche schon mit einer verfehlten Beichtpraxis beginnt, in welcher der Priester seelsorgerlich übergriffig wird, indem er mit klerikaler Macht in den Schambereich seines Gesprächspartners eindringt.

Heute wirkt die Beichte wie ein gesunkenes Kulturgut, und der Beichtstuhl taugt meist bloß noch als altertümliches Requisit für flapsige Werbespots oder grobhumorige Fernsehsketche. Vielleicht sollte man es dabei belassen und diese Übung eben nicht wieder »neu zu entdecken« versuchen.

Radbuße

Was will es uns sagen, dass eines der peinigendsten Medienerlebnisse etwas mit dem eigentlich doch ganz unpeinlichen Fahrrad zu tun hat? Ich meine das in regelmäßigen Abständen auf Pressekonferenzen und in Talkshows aufgeführte Ritual der öffentlichen Buße von des Dopings überführten Radprofis. Gibt es etwas Abgeschmackteres, Lächerlicheres und Verlogeneres? Ein Radprofi wird der Einnahme von verbotenen Essenzen überführt, er leugnet und leugnet, bis er nicht mehr kann, dann stellt er sich vor die Kameras, gibt zu, was längst bewiesen ist, aber nicht mehr, doch dies mit Tränen, wobei nie klar ist, was diese ausgelöst hat: der Schmerz über die eigene Schuld oder der Kummer über den tiefen Fall. Ein Ritual der Reinigung aber ist dies nicht, sondern wohl nur der letzte verzweifelte Versuch, irgendwie im schmutzigen Geschäft zu bleiben. Was also ist von solch einer Buße zu halten, die erstens nicht freiwillig geschieht, zweitens wahrscheinlich ohne echte Reue geübt wird und drittens zu keiner Veränderung des individuellen Handelns oder gar des ganzen Systems führt? Der Prophet Joel, dem solche veräußerlichten Bußübungen bekannt waren, pflegte zu sagen: »Zerreißt eure Herzen und nicht eure Kleider.«

Verschämt

Die Passionszeit ist eine Zeit, die Anlass gibt, über ein Gefühl nachzudenken, das man lieber verschweigt, sogar vor sich selbst, nämlich die Scham.

In einer alten Kirche, an der ich regelmäßig vorbeifahre, gibt es einen Opferstock, der eine merkwürdige Aufschrift trägt. Vor dem Messingbecken, in das die Besucher ihre Spenden einwerfen sollen, ist ein vergilbtes Schild angebracht. Darauf steht in altdeutscher Schrift: »Für die verschämten Armen«. Als ich das zum ersten Mal las, musste ich stutzen. Es gibt also auch unverschämte Arme, für die nicht gesammelt wird? In der Tat, die gibt es. Manchmal kommen sie zu uns ins Gemeindebüro oder an die Haustüren unserer Pastorate. Zugegeben, es ist nicht leicht mit ihnen. Doch andererseits, müssen Arme verschämt sein, damit wir ihnen helfen? Dürfen sie nicht auch einmal unverschämt sein – so wie wir? Das ist doch eines der Hauptübel der Armut, dass sie die Menschen, die von ihr betroffen sind, in die Scham treibt. Und diese Scham ist fast so schlimm wie der Mangel an Geld. Sie ist die zweite Not, die sich über die erste Not lagert. Die Armen schämen sich, arm zu sein. Also verbergen sie ihren Mangel und verstecken sich selbst.

Aber was ist die Scham eigentlich genau? Wo kommt sie her? Und wie wird man sie los? Die Scham ist ein beschwiegenes Gefühl und doch allgegenwärtig. Man spricht nicht über sie, aber sie durchzieht das ganze Leben. Allerdings verändert sie sich im Laufe eines Lebens.

Ganz kleine Kinder können sich noch nicht schämen. In dieser Hinsicht leben sie wie im Paradies. Sie sind ganz ungehemmt. Wenn sie im Sommer im Park spielen und es ihnen zu heiß wird, werfen sie ihre Kleider ab und laufen nackend herum. Wir Erwachsenen schauen ihnen zu, freuen uns an ihrer unverschämten Lebensfreude, kämen aber nie auf die Idee, es ihnen gleich zu tun. Werden die Kinder größer, lernen sie, sich zu schämen – oft unfreiwillig. Sie werden beschämt, von Eltern oder Lehrern: »Schäm dich!« Oder von Mitschülern, die sie wegen körperlicher Mängel, eigentümlichen Verhaltens oder unmodischer Kleidung aufziehen. Sie werden »gemobbt«, das heißt sie werden beschämt, ihr Selbstbild wird verletzt, ihr Wert herabgesetzt, sie werden aus der Gruppe ausgeschlossen. Kinder lernen aber auch, sich selbst zu schämen. Und das hat mit wachsender Reife zu tun. Sie haben Regeln kennengelernt. Sie wissen, was richtig ist. Sie wissen aber auch, wie oft man lieber das Falsche tut. Und wie sehr man sich dafür schämen kann. Es gibt ein Mädchen, das ich gut kenne, dem kann man ansehen, wenn es sich schämt. Ihr Gesicht wirkt dann verzerrt, ihre Körperhaltung unbehaglich, ihre Gefühle schwanken zwischen Übermut und Zorn, Gekicher und Wutgeschrei. Man sieht es ihr an: Sie hat eine Regel verletzt, sie weiß darum, sagt es aber nicht und leidet daran, leidet an sich selbst.

Die Scham ist ein Leiden an sich selbst. Man möchte sie gern loswerden, sie am besten nie empfinden. Doch das ist wenig sinnvoll. Denn es gibt nicht nur falsche Scham. Es gibt auch eine richtige Scham, eine wichtige Scham. Sie erwächst aus persönlicher Stärke, nämlich der Sensibilität für den Unterschied von gut und böse. Diese Scham ist ein Warnsignal des Gewissens, in dem wir über uns selbst zu Gericht sitzen. Siedend heiß fühle ich: Das habe ich falsch gemacht, hier bin ich schuldig geworden. Und dieser innere Schmerz weist mich in eine neue Richtung, führt mich in ein anderes Leben. Solch eine Scham zu empfinden, ist eine Leistung, zeugt von innerer Größe. Manchmal wundert man sich ja über bestimmte Mitmenschen: Dass die sich gar nicht schämen! Als hätten sie nie gelernt, sich zu schämen.

Obwohl doch die Scham der Anfang eines besseren Lebens ist.

Aber zum Dauerzustand darf auch die richtige, die moralische Scham nicht werden. Dafür ist sie zu quälend. Sie ist eine Fehlermeldung, die einen bewegen will, den Fehler zu beheben. Aber sie nimmt einen auch gefangen, lässt einen gehemmt und ungeschickt agieren. Doch ist eine »Entschämung« überhaupt möglich? In vielen Kulturen, die um den Begriff der Ehre kreisen, wird das verneint. Wer das Gesicht verloren hat, findet es nicht wieder. Er kann seine Scham nur durch Gewalt loswerden – durch Gewalt gegen andere oder sich selbst.

Das kleine Mädchen, das ich so gut kenne, hat zum Glück einen anderen Ausweg gefunden. Wenn sie sich schämt, nimmt sie ihre Mutter und geht mit ihr ins Kinderzimmer. Alle anderen müssen draußen bleiben, dürfen nicht mitkommen und mithören, die Freunde nicht, die Geschwister nicht, selbst der Vater nicht. Ist sie mit ihrer Mutter allein in ihrem stillen Kämmerlein, sagt sie ihr ins Ohr, was sie falsch gemacht hat. Sie spricht es aus, dann umarmen sich die beiden, und alles ist wieder gut. Sie gehen wieder aus dem Zimmer zu den andern. Die wüssten zu gern, was die beiden zu besprechen hatten. Doch das geht sie nichts an. Und das kleine Mädchen ist wieder im Reinen mit sich. Man kann es ihr ansehen.

Eine Geschichte aus dem Johannesevangelium erzählt von einer gewaltsamen und einer heilsamen Beschämung und davon, wie ein beschämter Mensch befreit wird. Männer bringen eine Frau vor Jesus. Mit dem durchgedrückten Rücken, mit der harten Hand der Selbstgerechten ziehen und zerren sie die Frau vor den Meister. Die Frau ist voller Scham, ihr Blick gesenkt, ihr Mund verstummt. Die Männer klagen sie an: »Diese Frau ist auf frischer Tat beim Ehebruch ergriffen worden.« In ihren Stimmen mischen sich Empörung, Stolz über den Fahndungserfolg und Sensationslust am Skandal. Gewalt liegt in diesen Stimmen – Gewalt gegen die beschämte Frau. »Was sagst du? Uns ist geboten, dass wir so eine wie sie steinigen!« Gleich soll es losgehen. Sie greifen sich schon Steine, diese anständigen Männer. Sie fühlen sich im Recht, halten sich für berufen, die Ordnung wiederzustellen. Vielleicht empfinden sie aber auch selbst Scham, hätten sie doch selbst gern einmal die Ehe gebrochen, mit dieser oder einer anderen Frau, haben sich bloß nicht getraut, nicht die Gelegenheit gehabt. So laden sie ihre Scham auf diese Frau.

Jesus hört zu. Dann wendet er sich ab, weg von dieser Menge. Ob er sich schämt für diese Männer? Er schreibt etwas mit dem Finger in den Sand. Aber die Männer lassen ihn nicht. Er richtet sich auf und sagt einen einfachen Satz: »Wer unter euch ohne Sünde ist, der werfe den ersten Stein auf sie.« Das genügt. Dann wendet er sich wieder von ihnen ab und seiner Sandschreiberei zu. Die Männer werden still, unauffällig lassen sie die Steine fallen. Ihre Truppe löst sich auf, ihr Zorn weicht der Scham. Der Zorn hat sie verbunden, die Scham treibt sie auseinander. Sie gehen davon, einer nach dem anderen, gehen sich schämen.

Es ist auf einmal still. Jesus wendet sich wieder um. Da steht nur noch die Frau vor ihm. Sie ist geblieben. Als erwarte sie etwas von ihm. Er fragt: »Wo sind sie? Hat dich niemand verdammt?« Sie antwortet: »Niemand, Herr!« Er sagt: »So verdamme ich dich auch nicht; geh hin und sündige hinfort nicht mehr.« Jesus beschämt sie nicht. Er nimmt ihr die Scham. Er verurteilt sie nicht. Er entlässt sie in die Freiheit eines neuen Lebens.

Behelmt

Eine komplizierte Frage lautet: Was trage ich als Radfahrer auf dem Kopf? Als Resthaarträger begleitet sie mich durch das ganze Jahr. Zumeist geht es darum, mich gegen das Hamburger Schmuddelwetter zu schützen. Dafür habe ich Mützen verschiedenster Art. Natürlich besitze ich auch eine für die seltenen Sommertage. Aber es ist nicht nur der meteorologische Schutz, der mir Kopfzerbrechen bereitet. Denn es kommt die Zeit im Leben eines jeden erwachsenen Radfahrers, da muss er eine noch schwerere Entscheidung treffen. Dafür muss er all seinen Mut zusammennehmen, sein ganzes Verantwortungsempfinden mobilisieren, seine Eitelkeit überwinden, seine Scham durchbrechen. Denn es gilt sich zu entscheiden, endlich einen Fahrradhelm zu tragen. Gegen den Helm spricht: Er ist unpraktisch, er ist hässlich, er zerquetscht die Frisur (wenn man noch eine hat), er ist so richtig uncool. Für ihn spricht: Er schützt die eigene Gesundheit. Außerdem: Wer ihn trägt, gibt anderen ein gutes Vorbild. Wie will man die eigenen Kinder zum Helmtragen animieren, wenn man selbst ein Helmverweigerer ist? Ich habe es nach langem innerem Ringen endlich getan. Ich bin jetzt uncool und trage Helm. Das ist meine Form des Fastens, die ich nicht nur während der Fastenzeit übe. Ich verzichte auf jugendliche Lässigkeit und bekehre mich zu einer verantwortungsbewussten Kopfbedeckung. Der staunenden Mitwelt gebe ich so ein leuchtend gutes Vorbild. Auch wenn der eine oder andere Freund mich mit diesem Ding auf dem Kopf nicht mehr ganz so gerne grüßt. Da stehe ich drüber, denn diese Entscheidung hat mir bisher schon drei Krankenhausaufenthalte erspart. Auch hoffe ich mit guten Gründen, dass die Geschichte mir dereinst Recht gibt. Denn kürzlich las ich einen Zeitungsartikel, den meine Mutter in den frühen 1970er Jahren geschrieben hatte. Darin zählte sie die Gründe auf, derentwegen sich die Leute damals im Auto nicht anschnallen wollten: Männer befürchten, ihre Männlichkeit könnte leiden; Frauen hatten Angst, ihre Brust könnte Schaden nehmen. Über sie ist die Geschichte hinweggegangen. Ähnlich wird es den Helmverweigerern gehen, zu denen ich aus guten Gründen nicht mehr gehöre.

Coolness

An dieser Stelle ist ein Aspekt des Fahrradfahrens ehrlich anzusprechen, der für gewöhnlich peinlich verschwiegen wird, nämlich die mangelnde Coolness dieser Art von Fortbewegung. Mit einem Rad macht man einfach keinen Eindruck. Anders als mit einem schnellen oder schnittigen Auto setzt man keine modischen Akzente, erwirbt sich kein Renommee und bietet keinen Gesprächsstoff. Man bietet der Umwelt ein bescheidenes Bild, auf einige Mitmenschen wirkt man fast, als wäre man zurückgeblieben. Denn während diese das Radfahren mit der Volljährigkeit eingestellt haben und auf immer größer und teurer werdende Autos umgestiegen sind, tritt der Radfahrer auch als Erwachsener immer noch wie ein Schüler in die ewig gleichen Pedale. Radfahren ist also immer auch eine Schule in Demut und bewusster Selbstbescheidung. Einen gewissen Trost bieten Worte des altisraelitischen Weisheitslehrers Jesus Sirach, die man für Radfahrer nur geringfügig abändern muss: »Bleibe bei dem, was dir anvertraut ist, und übe dich darin, und halt aus bei deinem Fahrrad, und lass dich nicht davon beirren, wie die Gottlosen mit ihren Autos vorankommen, sondern bleibe bei deinem Fahrrad.«

Freiheitsempfinden

Was ich auch als vernünftiger Helmträger gar nicht gern lese, sind die regelmäßigen Drohungen von irgendwelchen Verkehrsministern, an die sich drei Tage nach ihrem Ausscheiden schon keiner mehr erinnern kann, eine den Fahrradhelm betreffende »Tragepflicht« einzuführen. Die momentane Helmquote von 9 Prozent soll mittelfristig auf 50 Prozent angehoben werden. Konsequenterweise müsste man ein Tempolimit auf allen abschüssigen Straßen, die verbindliche Leuchtjacke, Nummernschilder und Fahrradfüh-

rerscheine hinzufügen. Vielleicht erfindet ja noch irgendjemand einen Anschnallgurt für das Rad. Dabei gehört
doch ein gewisses Freiheitsempfinden zum Wesen des Radfahrens. Man ist weniger eingezwängt als im Auto oder in
der U-Bahn. Dass zur Freiheit auch die Verantwortung
gehört, finden die meisten Menschen schon irgendwann
selbst heraus. Ich fahre inzwischen viel ordentlicher als
früher und warte meist recht brav an roten Ampeln. Das
hat mit meinem vorgerückten Alter zu tun, aber auch mit
dem Gefühl, dass ich mein Schutzengelpotenzial in den vergangenen vierzig Jahren fast bis zur Neige ausgeschöpft
habe.

Opfer

Gleich bei mir um die Ecke, an der großen Kreuzung treffen sich jeden Morgen die Schulkinder aus allen Richtun-
gen, um dann die letzte Etappe zur Schule gemeinsam zu
fahren. Und fast jeden Morgen kommt es zu Beinahe-Un-
fällen, weil die Rechtsabbieger auf vier Rädern die Ampel
nicht beachten. Rechtsabbiegende Autos sind oft gefährli-
cher als Linksabbieger. Wie oft habe ich mich da schon er-
schreckt, habe mich gewundert, dass nicht noch viel mehr
geschieht.
   Bei aller Freude am Radfahren sollte man die Opfer
nicht vergessen. Anders als beim Autoverkehr ist ihre Zahl
in den vergangenen Jahren stetig gestiegen, so ging die
Quote der Schwerverletzten im vergangenen Jahr um 11,5
Prozent nach oben. Fast 400 Menschen sind beim Radfahren gestorben. Fahrt vorsichtig! Schaltet das Licht ein!
Setzt einen Helm auf! Wartet an Ampeln! Denkt nicht, die
Autofahrer wären klüger als ihr selbst und würden mehr
Rücksicht nehmen!

Täter

Auch als Radfahrer kann man auf einem hohen Ross sitzen. Und zwar auf zweierlei Weise. Da sind zum einen die Rad-Rüpel, die den Druck, den sie von Autofahrern erfahren, an die Fußgänger weitergeben. Sie rasen brutal über Gehwege, erschrecken Eltern mit kleinen Kindern und verjagen alte Damen und Herren. Das ist nicht nett. Das ist sogar gefährlich. Fast noch unsympathischer sind die Rad-Rechthaber. Im Völlegefühl moralischer Überlegenheit herrschen sie die anderen Verkehrsteilnehmer an, vor allem die bösen, bösen Automobilisten. An die allgemeinen Verkehrsregeln meinen sie als ökologische Besserwisser und Besserfahrer sich nicht halten zu müssen. (In dieser Menschengruppe dürfte es übrigens einen überdurchschnittlichen Anteil von Protestanten geben.) Solch ein rücksichtslos-rechthaberisches Verhalten schadet der guten Sache.

Rache

Überraschend aber ist auch immer wieder, wie viele deutsche Autofahrer sich berufen fühlen, mit aller Gewalt Radfahrer zu erziehen, die sie auf dem falschen Weg wähnen. Sehr häufig, wenn ich aus guten Gründen, eben weil der Fahrradweg schlicht nicht zu gebrauchen ist, auf die Straße wechsle, werde ich behupt, beschimpft und bedrängt. Ist das ein Charakteristikum deutscher Autofahrer, dass sie eigentlich lieber Polizisten wären? Wie heißt es doch so schön im Alten Testament, das viel menschenfreundlicher ist, als manche meinen: »Die Rache ist mein!‹, spricht der Herr.«

V.

KARWOCHE UND OSTERN –
ENDLICH FRÜHLING

Überfluss

Manchmal weiß ich nicht, was ich lesen soll. Mir fällt dann einfach nichts ein, was mich reizen könnte. Dann fühle ich mich alt und fürchte, ich hätte die jugendliche Kraft, mich interessieren und begeistern zu können, endgültig verloren. Das wäre ja sehr traurig. Es ist ein besonderes Glück, wenn ich dann plötzlich doch etwas Lesenswertes entdecke. Nicht selten sind es Freunde oder Kollegen, die mir einen Wink geben, der mich aus der Nische des Gelangweiltseins hervorlockt.

In solch einer öden Phase also wies mich ein Bekannter auf Ludwig Greve hin, einen ebenso großen wie unbekannten Dichter. Wenig hat er geschrieben, vielleicht 40, 50 Gedichte. Aber es sind allesamt Meisterwerke. 1924 wurde er in Berlin geboren, als Jude wurde seine Familie in die Flucht gezwungen. Nach dem Krieg kehrte er zurück und fand im Literaturarchiv Marbach seine berufliche Heimat. 1991 starb er mit nur 67 Jahren. Er hatte beim Baden im Meer vor Amrum einen Schwächeanfall erlitten. Ich las seine Gedichte, langsam, wieder und wieder, konnte nicht genug bekommen. Als ich mich bei meinem Bekannten darüber beschweren wollte, dass Ludwig Greve nicht noch mehr geschrieben hatte, erzählte mir dieser, dass es da noch dieses Buch mit Jugenderinnerungen gäbe. Mit wenigen Klicks hatte ich sofort »Wo gehöre ich hin« bestellt. Und als der schmale Band drei Tage später bei mir eintraf, habe ich ihn gleich gelesen. Vieles hat mich bewegt, manches habe ich inzwischen leider vergessen, aber dieser eine Satz hat sich in meinem Gedächtnis fest eingenistet: »Auch das Überflüssige ist notwendig.«

Während des Zweiten Weltkriegs musste Ludwig Greve als Jugendlicher mit seinen Eltern und seiner Schwester fliehen. Ihnen drohte das Konzentrationslager. Auf der Flucht durch die Schweiz und Italien verlor er Vater und Schwester. Ihm blieb nur die Mutter. Sie wurde von Granatsplittern verletzt. Zu einem normalen Arzt konnten sie nicht gehen, denn Schussverletzungen mussten gemeldet und illegale Flüchtlinge durften nicht behandelt werden. Doch Ludwig fand einen alten Chirurgen. Der fragte nicht lang. Ein Priester besorgte der Mutter in einem Kloster ein Einzelzimmer. Als die Mutter untergebracht war, fragte er Ludwig, mit was er der Patientin eine Freude machen könnte. Mit etwas Süßem, einer Lieblingsspeise? Ludwig war irritiert: »Sie bekommt alles Notwendige!« Der Priester entgegnete: »Auch das Überflüssige ist notwendig.« Ludwig war verwirrt. Auch das Überflüssige ist notwendig. Weil er nicht wusste, was er sonst sagen sollte, antwortete er: Löffelbiskuits. Und die besorgte der Priester. Wie ihm dies mitten in Krieg und Not gelang, erzählte Ludwig Greve nicht. Aber es muss ein anrührendes Bild gewesen sein, wie seine Mutter, die jüdische Flüchtlingsfrau aus Berlin, der man Mann und Tochter geraubt hat, in einem italienischen Klosterzimmer im Bett liegt, beherbergt und versteckt von einem katholischen Priester, frisch operiert, neben sich einen ganzen Karton mit Löffelbiskuits, die köstlich nach Geborgenheit duften, von denen sie nascht, wenn sie nicht schlafen kann. Auch das Überflüssige ist notwendig.

Zunächst war ich über diesen Satz nur erstaunt. Je länger er mich begleitet, umso deutlicher wird mir, dass er sich auch als theologische Wahrheit verstehen lässt. Denn wie von selbst erinnert er mich an eine biblische Geschichte, die zum Ende der Fastenzeit gehört. Diese Geschichte beschreibt einen seltsamen Moment im Leben Jesu: den Augenblick vor seiner Passion.

Es gibt diese Momente »davor«, kurz bevor es losgeht. Gleich beginnt es: die große Aufführung, die weite Reise, die schwere Prüfung, das wilde Abenteuer, die bittere Entscheidungsschlacht, die finale Aussprache. Aber noch ist es nicht so weit. Noch ist Zeit. Gleich wird die Tür geöffnet, wird die Arena freigegeben, die Schranke hochgezogen, erscheint der Gegner, werden die Waffen ergriffen, wird die Flucht angetreten, die Operation begonnen, das harte Wort gesagt. Gleich, aber noch nicht jetzt. Jetzt ist noch einen Augenblick lang Zeit. Zeit für ein letztes Atemholen, eine Bestärkung, eine letzte Mahlzeit, eine Suche nach Trost und Mitleid. Zeit zu warten, sich vorzubereiten, sich zu sammeln, sich die Dinge zurechtzulegen, die Geräte bereitzulegen. Zeit für einen letzten Blick zurück und voraus. Das ist ein seltsamer Moment, dieser Moment »davor«, kostbar und belastet, angespannt und erwartungsvoll. Alles, was kommen wird, ist hier schon angelegt und abwesend anwesend, erahnt, vorausgefühlt, gedeutet, befürchtet und erhofft. Aber noch ist es nicht da, noch steht es bevor, noch steht man »davor«.

Es ist der Sonnabend vor Palmsonntag in Bethanien. Morgen wird Jesus nach Jerusalem ziehen. Eine große Menge wird da sein. In aller Öffentlichkeit wird er in die Hauptstadt einziehen. Spektakulär-bescheiden auf einem Eselsfüllen reitend. Die frommen Massen werden ihm ihr »Hosianna« entgegenrufen und Palmzweige auf seinem Weg ausbreiten, während seine mächtigen Gegner sein Ende planen. Das wird der Palmsonntag sein, das große, helle, grelle, laute Tor, das den Weg nach Golgatha eröffnet. Jesus wird hindurchgehen, seinen Kreuzweg antreten, ihn abschreiten, Station für Station, bis zum Ende. Dann wird es kein Zurück mehr geben. Die Dinge werden ihren Lauf nehmen. Nichts wird ihn mehr aufhalten. Das wird der Palmsonntag sein. Aber noch ist es nicht so weit, noch steht

Jesus »davor«. Und in diesem »Davor« scheint alles auf, was sein wird, die innere Notwendigkeit und das abgründige Geheimnis dessen, was nun folgen wird.

Es ist Sonnabend. Auf dem Weg nach Jerusalem hat Jesus in Bethanien Halt gemacht. Nur eine halbe Stunde von Jerusalem und doch eine Welt für sich – klein, abgeschieden, still. Hier besucht Jesus Menschen, die ihm vertraut sind. Bevor er in die große Stadt gehen und dort auf all die fremden Menschen, die Pilgermassen aus allen Himmelsrichtungen stoßen wird, will er bei Menschen sein, die er kennt, liebt, mit denen er eng verbunden ist. Zu Lazarus geht er, von dem erzählt wird, er hätte ihn von den Toten auferweckt. Ihn hatte Jesus lieb, ihn und seine Schwestern Maria und Marta. Nun ist Jesus wieder bei ihnen. Sie haben ihm ein Mahl bereitet. Sie essen und trinken, stärken sich, freuen sich aneinander. Alles ist still und ruhig. Ruhe vor dem Sturm. Sie sind unter sich, ganz für sich. Als ob es draußen keine Welt gäbe, keine Welt voller Feinde und Gefahren. Da nimmt Maria ein Pfund kostbaren Salböls und salbt Jesus die Füße. Tut von dem wertvollen Öl wenige Tropfen auf die Handfläche und verreibt sie auf die Füße ihres Freundes und Meisters, erst den einen, dann den andern, Tropfen für Tropfen. Salbt ihn, als wäre er ein König. Als wären seine Füße ein Haupt, das bald bekrönt würde. Salbt ihn langsam, bis der Duft des Öls den Raum erfüllt und die Gerüche der Speisen verdrängt hat. Dann trocknet sie ihm die Füße mit ihren Haaren. Einen Augenblick lang ist alles da – Friede und Liebe.

Doch dann zerbricht ein Jünger diesen Moment. Judas hat eine Frage. So ein kostbares Salböl – hätte man nicht besser daran getan, es zu verkaufen und das Geld den Armen zu geben? Maria wird zu beschämt gewesen sein, um selbst zu antworten. Doch Jesus stellt sich an ihre Seite und beschämt den Fragenden: »Lass sie in Frieden! Es soll gelten für den Tag meines Begräbnisses. Denn Arme habt ihr allezeit bei euch; mich aber habt ihr nicht allezeit.« Ist das eine befriedigende Antwort? Selbst wenn es Judas, der spätere Verräter, ist, der die Frage äußert, könnte sie doch zu Recht gestellt sein. Ist es nicht tatsächlich besser, das Geld den Armen zu geben, als es für Salböl auszugeben? In einer Welt, in der so viel Not ist, so vielen Menschen das Nötigste fehlt, das sichere Dach, das Stück Brot, der Schluck sauberen Wassers, ist es da nicht falsch, zynisch oder obszön, Mittel ohne Sinn und Verstand zu verschwenden, zu verschleudern, solange nicht alle eine Grundsicherung haben? Das ist eine echte, keine rhetorische Frage.

Die Antwort könnte in dem Satz verborgen liegen, den dieser italienische Priester dem jungen Ludwig Greve zweitausend Jahre später gesagt hat, als dessen Mutter sich in einem fürchterlichen Moment des »danach« befand. Maria scheint geahnt zu haben, was kurz vor oder kurz nach einer Passion zu helfen und zu trösten vermag, weshalb sie Jesus mit kostbarem Öl zum König salbte und zugleich seine Totensalbung vorwegnahm, ihn stärkte für den Weg, den er am nächsten Tag antreten musste. So konnte er seine letzte Reise antreten, sein Werk tun, bis er alles vollbracht hatte. Dieses Salböl und diese Löffelbiskuits sagen fast das Gleiche: »Auch das Überflüssige ist notwendig.«

Gedichte vom Kreuz

Leider kann ich mir nie ganze Gedichte merken. Es sind immer nur einzelne Verse oder Vers-Fetzen, die mir im Gedächtnis bleiben. Die aber begleiten mich lange. Besonders gern melden sie sich beim Radfahren innerlich zu Wort. Wenn ich so vor mich hin trete und eigentlich an gar nichts denken will, sind sie da und fordern mich heraus. Kurz vor Karfreitag sind es diese beiden Verse: »Oben hängt Er, / hoffend, hustend« und »Ein Bild der Unversöhnlichkeit«.

Der zweite Vers stammt von Theodor Storm. Von allen unchristlichen Dichtern ist er mir der Liebste. Vielleicht weil er das Leben so liebte. Er konnte seine Lebensliebe auf eine so ansteckende und zart berauschende Weise in Verse fassen. Aber den Tod hat er gehasst. Er muss eine panische Angst vor ihm gehabt haben. Deshalb war ihm auch der christliche Glaube zuwider. Denn dieser lebt aus dem Blick zum Kreuz, weil von hier das Heil kommt. Wenn aber Storm zum Kreuz blickte, was er selten tat, zeigte sich ihm »ein Bild der Unversöhnlichkeit«. So jedenfalls sagt es sein Gedicht »Crucifixus«, das im Ganzen, wie ich nachlesen muss, so lautet:

> Am Kreuz hing sein gequält Gebeine,
> Mit Blut besudelt und geschmäht;
> Dann hat die stets jungfräulich reine
> Natur das Schreckensbild verweht.
>
> Doch die sich seine Jünger nannten,
> Die formten es in Erz und Stein,
> Und stellten's in des Tempels Düster
> Und in die lichte Flur hinein.
>
> So, jedem reinen Aug ein Schauder,
> Ragt es herein in unsre Zeit;
> Verewigend den alten Frevel,
> Ein Bild der Unversöhnlichkeit.

Diese Verse sind eine gezielte Blasphemie, wohlgereimte Christentumskritik. Und sie haben doch ein tieferes theologisches Recht. Denn hier schaut einer auf das Kreuz, der sich nicht an diesen Anblick gewöhnen kann, dem eine anerzogene Frömmigkeit nicht das Erschrecken genommen hat, der immer noch erschaudert, erstarrt. So wie diejenigen, die damals unter dem Kreuz Jesu standen. Darin ist er ihnen wohl näher als mancher Frommer heutzutage. Ihm ist das Kreuz ein Schreckensbild geblieben. Deshalb bedauert er auch, dass das »Es ist vollbracht« Jesu nicht das letzte Wort geblieben ist. Es wäre Storm lieber gewesen, wenn nichts Weiteres gefolgt wäre. So beschwert er sich, dass man den Gekreuzigten nicht dem Vergessen, dem Verwehen, dem Verwesen überlassen hat. Er empört sich darüber, dass man aus dessen Todesinstrument ein Symbol gemacht hat, es in Stein gehauen und in Erz gegossen hat, um es in allen Kirchen und vielen öffentlichen Orten auszustellen. So dass es ihm immer noch ein Stachel im Auge ist.

Der erste Vers – »Oben hängt Er, / hoffend, hustend« – stammt von einem Hamburger Dichter, dessen Kindheitshaus in derselben Straße stand, in der sich meine Kirche befindet. Als ordentliche Kaufmannsstadt hat Hamburg nur wenige Dichter von Rang hervorgebracht. Und diese hat man dann auch schnell vergessen. So ist es kein Wunder, dass heute kaum noch ein Hamburger etwas mit dem Namen »Peter Gan« anfangen kann. Dabei hat er Gedichte geschrieben, die nicht bloß »bedeutend« und damit ein Fall für die alles Bedeutende entsorgende Literaturgeschichte sind, sondern die immer noch echtes Leseglück bescheren. 1894 wurde er geboren als Sohn einer »guten Hamburger Familie«. Und wie es sich für eine solche Familie damals gehörte, wurde er, als er kein Jurist, sondern Dichter werden wollte, enterbt. Aus Ekel vor dem nationalsozialistischen Regime und als von diesem bedrohter Homosexueller floh er 1938 nach Paris, wurde während des Krieges interniert, floh weiter nach Spanien und kehrte erst 1958 nach Hamburg zurück, wo er 1974 starb. Peter Gan war ein seltener Vogel, der sehr besondere Lieder sang: Lieder von Glück und Erfüllung, heitere Verse, elegant beschwingt, geistreich, und manchmal auch ziemlich lustig. Aber einmal, gegen Ende seines Lebens, hat er auch ein religiöses Gedicht verfasst. Es kommt ganz schlicht daher und ist doch theologisch sehr gehaltvoll. Über viele Jahre ist es in ihm herangewachsen, bis er es an einem Tag rasch niederschrieb. Es trägt den einfachen Titel »ER«:

Oben hängt Er, über ihnen,
hoffend, hustend, angenagelt,
der Verlaßne,
eine Stunde, manche Stunde,
einsam mit der Ewigkeit.

Unten liegt er, nachtbestattet,
eingewickelt, ausgelitten,
irgendeiner,
einsam einsam, wartend wartend,
in der Kammer eines Herzens,
in der Höhle einer Brust.

Wie Storm schaut Gan auf das Kreuz. Aber er sieht etwas
ganz anderes. Hoch schaut er hinauf. Zu dem, der da oben
hängt. Schaut hinauf, betrachtet ein Leiden, lauscht hinauf,
hört ein Husten. Aber er wendet sich nicht ab, hält den
Anblick aus, eine Stunde, manche Stunde. Helfen kann er
nicht, die Nägel vermag er nicht zu lösen, aber hoch
schauen kann er. Und so ist dieser Blick nach oben immerhin ein kleiner Akt der Pietät, der Solidarität, des Mitleids
und des Mitleidens. Und in diesem Blick hinauf liegt zudem eine leise Erwartung, ein zaghaftes Zutrauen. Dass
dort oben etwas geschieht, etwas vollbracht wird, das mit
ihm selbst zu tun hat. Der dort oben hängt, geht ihn an. Er
kommt nicht von ihm los. Deshalb schaut er nicht nur nach
oben, sondern in der zweiten Strophe, während des zweiten Aktes dieses einzigartigen Dramas, auch nach unten.
Was sich dort unten vorbereitet, ist für ihn noch nicht sichtbar, ist ihm noch verborgen im Dunkel eines Grabes, eines
Herzens, einer Brust. Aber er wartet mit. Dunkle, leicht
schaurige Verse sind dies, und doch verkünden sie einen,
wenn auch leisen, verhaltenen Kreuzesglauben.

Osterschmuck

Ein stiller Streit beherrscht die Nachbarschaft. Misstrau-
isch schaut man über den Gartenzaun. Wie hält es der
Nachbar mit dem Osterschmuck? Die Stadt ist in zwei La-
ger geteilt. Die einen haben schon lange ihre wintergrauen
Vorgärten festlich geschmückt und viele, viele bunte Plasti-

keier aus der Nachbardrogerie an die dürren Äste ihrer Hecken, Sträucher und Bäume gehängt. Die anderen aber lassen ihre Vorgärten und Fensterbänke bewusst leer. Es ist ja immer noch Fastenzeit und noch lange nicht Ostern. Bis dahin haben sie es lieber karg und herb. Sie sind in der Unterzahl. Nur unbewusst werden sie von männlichen Single-Haushalten unterstützt, die an Deko-Fragen generell kein Interesse zeigen. Die deutliche Mehrheit aber ist aufseiten der Früh-Schmücker.

Dabei hat es durchaus sein Gutes, wenn man den alten Rhythmus der Zeiten beachtet. Glück hat immer etwas mit Abwechslung zu tun, mit dem Wechsel von hell und dunkel, arm und reich, grau und bunt. Man kann bewusster genießen, wenn man vorher verzichtet hat. Wer immer aus dem Vollen schöpft, hat bald alles satt. Der Sinn der christlichen Fastenzeit allerdings reicht noch tiefer. Er will nicht bloß die Genussfähigkeit durch vorgängige Diäten steigern, sondern Anteil nehmen an der Geschichte Jesu, von dem Christen glauben, dass er für uns gelitten hat, für uns gestorben und auferstanden ist. Insofern ist das eigene Fasten ein Mitgehen, ein Stück Nachfolge Jesu. Das ist vor allem ein innerer Vorgang. Aber er kann sich auch äußerlich daran zeigen, dass man mit den Plastikeiern ein bisschen wartet.

Natürlich kann man das niemandem befehlen, vor allem denen nicht, für die Ostern nur ein Frühlingsfest ist, oder die es nicht gelernt haben, mit dem Konsum-Kram auch mal Pause zu machen. Und wenn es den Leuten Freude macht, den langen, kalten, dunklen und trüben Hamburger Spätwinter durch Garten- und Wohnaccessoires aufzuhellen, bitte sehr. Dann muss man es als Pastor halt gelassen hinnehmen, dass manche Vorgärten schon Anfang März vor Buntheit quietschen. Wichtig wäre es jedoch, dass die Früh-Schmücker ihre Plaste-Eier rechtzeitig zum Ende der Sommerferien wieder abnehmen. Denn dann müssen ja bekanntlich die vorweihnachtlichen Lichterketten angebracht werden.

Ganz still

Bei aller Angepasstheit an ihre bürgerliche Umwelt sind die Christen doch ein seltsames Volk geblieben. Sie tun genau das, was ein Mensch normalerweise vermeidet: Sie wenden sich dem Leiden zu. Sieben lange Wochen bedenken sie die Passion Jesu Christi. Schritt für Schritt vollziehen sie Sonntag für Sonntag seinen Weg zum Kreuz nach. Bis sie den Karfreitag erreicht haben. Dann kommen sie in der Kirche zusammen: zum Gottesdienst, zur Andacht zur Todesstunde oder zur Aufführung einer der großen Bach-Passionen. Gemeinsam setzen sie sich der Geschichte vom schrecklichen Ende dieses großen Schmerzensmannes aus. Sie hören, wie Jesus Christus verurteilt wurde, die Menge seinen Tod einforderte, Soldaten ihn schlugen, anspuckten, ihn ans Kreuz schlugen, und er allein, sehr allein sterben musste. Sie schauen zu, wie nach der Lesung die Kerzen gelöscht werden und der Altar leer geräumt wird. Es ist gar nicht so leicht, das als Gottesdienstbesucher zu ertragen.

Und dann folgt der Karsamstag. Es ist ein langer, öder Tag. Der Glaube ist wie in einer Schockstarre gefangen. Schließlich wird es Nacht, Osternacht. Und wieder kommen diese Christen zusammen. In den Kirchen brennt kein Licht. Alle sitzen im Finstern und warten. Sie wachen und beten. Erstaunlich lange halten sie die Finsternis aus. Es kostet sie Kraft, so lange auszuharren. Sie beten und wachen. Bis die Wende geschieht, an die sie kaum noch geglaubt hätten: Das Licht kehrt in die Kirche zurück und verkündet ihnen ein neues Leben in Gott.

Auch wenn vieles davon alte kirchliche Sitte ist, so ist doch bemerkenswert, wie sehr sich die Christen dem Leiden Jesu Christi zuwenden. Normal ist das nicht. Die natürliche Reaktion dem Leiden gegenüber ist eine andere. Lebt ein Mensch in Gesundheit, Sicherheit und Glück, erträgt er den Anblick eines Armen, Kranken, Sterbenden kaum. Denn dessen Leiden muss ihm wie eine Bedrohung erscheinen. Das Leiden der anderen ist wie ein Riss in seiner heilen Welt. Das mag er nicht wahrhaben. Darum wendet er sich ab. Christen dagegen versuchen, diesem Instinkt nicht zu folgen. Denn die Geschichte vom Leben und Sterben Jesu Christi weckt in ihnen eine Ehrfurcht vor dem Leiden. Gerade an seinem Leiden erahnen sie, dass Jesus Christus der wahre Mensch gewesen ist. Und in seinem Sterben schauen sie den Punkt, an dem Gott den Menschen so nahe gekommen ist wie nirgends sonst. In diesem Schmerz, diesem Schrei, diesem Tod ist Gott ganz für uns da. Das ist das Grundgeheimnis des christlichen Glaubens. In ihm liegt der Keim für einen großen Trost, eine neue Hoffnung, die Auferstehung in ein ganz neues Leben. Wie könnten sich Christen von diesem Leiden abwenden? Was sollten sie anderes tun, als sich ihm ganz zuzuwenden? Doch wenn sie ihren Glauben ernst nehmen, dann dürfen sie sich nicht darauf beschränken, in der Passionszeit das Leiden Jesu Christi intensiv zu bedenken und von allen Seiten zu betrachten. Dann werden sie sich jedem zuwenden, der heute Leid trägt, arm ist, stirbt, ein Opfer von Gewalt geworden ist. Und in jedem einzelnen von diesen wird ihnen Jesus Christus selbst begegnen.

Mit Rilke durch die Osternacht

Wenn man die Fragen liebt und einen Sinn für das Warten hat, dann ist man bereit für die Feier der Osternacht. Ich habe mich einmal für meinen Weg durch die Osternacht von Rainer Maria Rilke anregen lassen und mir einige Sätze von ihm auf diese Weise zu Eigen gemacht:

Es ist im Glauben wie im Leben: Man muss den Dingen ihre eigene stille Entwicklung lassen, die von innen kommt und durch nichts von außen Kommendes beschleunigt werden kann. Alles ist wachsen lassen, austragen und dann gebären.

Es ist im Glauben wie im Leben: Man kann das, was die Not wendet, nicht erzwingen. Man muss warten und reifen lassen. Wie der Baum, der seine Säfte nicht drängt und doch getrost in der Kälte des Winters, in der Dunkelheit der Nacht, in den Stürmen des Frühlings steht, aber ohne Angst. Denn er ist gewiss, dass dahinter der Tag, der Sommer kommt. Und er kommt ja.

Es ist im Glauben wie im Leben: Man muss Geduld haben und gespannt sein auf das, was im Verborgenen wächst, was aus unabsehbarer Zukunft naht, was aus dem Schatten hervorleuchtet, was aus der Nacht an den Tag kommt, still und stark. Die Nacht lässt sich nicht verkürzen, sie dauert ihre Zeit und wird doch ein Ende haben. Da gilt es, wach zu bleiben und gespannt.

Es ist im Glauben wie im Leben: Man hat etwas Ungelöstes im Herzen, doch ohne Schmerz und Unruhe, wenn man nur die Fragen selber liebt, so wie Bücher, die in fremden Sprachen geschrieben sind. Wenn man nur die Fragen liebt und in ihnen lebt, wach und gespannt, lebt man allmählich, fast ohne es zu merken, der Antwort entgegen, in die Antwort hinein. Denn sie kommt ja. Denn er kommt doch.

Osterton

Auf meinen Wegen durch die Stadt, fahre ich an vielen Litfaßsäulen vorbei, die regelmäßig zur Osterzeit auf ein Hamburger Musikfestival aufmerksam machen. »Ostertöne« nennt es sich, und jedes Mal denke ich, dass müsste doch eher die Überschrift für all die musikalischen Ostergottesdienste sein als für ein sicher verdienstvolles, aber doch ganz säkulares Konzertprogramm. Egal, der Titel ist gut gewählt und stellt ganz unfreiwillig eine theologische Frage, nämlich: Was ist der Ton des höchsten christlichen Festes? Wie klingt Ostern? Gibt es nur einen, den einen richtigen Osterklang oder sind auch mehrere und verschiedene denkbar? Ist zu Ostern allein der helle, laute Jubel-Halleluja-Ton angebracht oder darf es auch andere, leisere, dunklere Töne geben? Muss alles auf strahlendes Dur gebürstet sein, oder darf es mit einer Prise Moll gewürzt sein?

Um die Antwort zu finden, bin ich nicht in einen der gut bespielten Konzertsäle, sondern in meine eigene Kirche zum Ostergottesdienst gegangen und habe mir die Kantate »Christ lag in Todesbanden« von Johann Sebastian Bach angehört. Sie klang noch lange in mir nach. Wer sie hört, kann ins Staunen darüber geraten, wie viele Ostertöne möglich sind. Und diese Töne kommen von weit her. Bachs Kantate, vor gut 300 Jahren komponiert, verweist zurück auf Luthers Choral »Christ lag in Todes Banden«, vor fast 500 Jahren gedichtet, der wiederum auf einen mittelalterlichen Hymnus zurückgeht, den ein Einsiedler namens Wipo von Burgund vor etwa tausend Jahren geschrieben hat. Und auch dieser ist ein Echo der biblischen Ostergeschichten, wie zum Beispiel der Verse des Markus, die davon erzählen, wie die Frauen kamen, um den Leichnam Jesu zu pflegen, wie sie den Stein zum Grab weggewälzt fanden, einen Engel sahen und hörten, sie in Furcht und Zittern davonliefen und es den Jüngern erzählten und wie diese in einer langen Kette – Paulus hat sie Glied für Glied aufgezählt – den Auferstandenen gesehen haben und ihre Todestrauer in Glaubenshoffnung verwandelt wurde.

Um diese unglaubliche Geschichte zu erzählen, diese unvorhersehbare Wendung nachzuvollziehen, legt Bach seine Kantate nicht auf einen Ton fest. Das ist das Aufregende dieser Komposition, wie sie ganz einheitlich gefasst ist und doch größte Gegensätze in sich zusammenspannt. Eigentlich hat Bach es sich ganz einfach gemacht. Er verzichtet auf barocken Prunk und komponiert schlicht an Luthers Choral entlang, führt eine einzige Melodie durch alle Strophen hindurch. Das aber ist seine Kunst des Kontrapunktischen, dass er in diesem einheitlichen Rahmen größten Gegensätzen Ausdruck verleiht. Da ist das schleppend tieftraurige Moll, die unsägliche Trauer darüber, dass der Liebste gestorben, wirklich gestorben ist, eine Traurigkeit, die sich zieht und zieht, weil sie kein Ende sieht. Es folgt die schrille Verzweiflung, dass niemand den Tod bezwingen kann, ein Aufschrei aus innerster Zerrissenheit, weil wir nicht nur endlich und vergänglich sind, sondern – schlimmer noch – weil wir nie mit uns im Reinen, weil wir mit uns selbst dauerhaft entzweit sind, solange wir leben, solange wir als Sünder dem Tod entgegenleben. Doch es bleibt nicht bei schwarzer Angst und endloser Traurigkeit. Christ lag in Todesbanden, doch dort blieb er nicht. So folgt ein Kampf, martialische Musik, ein Tumult, es herrscht Krieg zwischen Gott und Teufel, Sünde und Glaube, Tod und Leben. Und der mündet in einen wilden Triumph, Siegesjubeln, Freudenfanfaren. Aus ihnen klingt ein Lachen, ein unbändiges Hohngelächter. Der Tod wird ausgelacht, weil er ein Spott geworden ist. Doch dieses aufreizende Halleluja beruhigt sich wieder und mündet in eine reine, ruhige Freude, ein sanftes Wiegen. Aber merkwürdig, das letzte Halleluja klingt wieder getragen, ernst. Man kann ein Halleluja so unterschiedlich singen: froh wie ein Befreiter, jubelnd wie ein Sieger, zart wie ein Getrösteter, fragend wie ein Zweifler, tastend wie ein Suchender, dankbar wie ein Genesender, ansteckend wie ein Erlöster. So viele Töne in einer Kantate, so viele Gefühle in einem Fest, so viele Erfahrungen in einem Glauben – das gibt es nur bei Bach, das gibt es nur zu Ostern.

Kinder-Ostern-Theologie

Zu Ostern fühlen Pastoren sich besonders herausgefordert, grundlegende Predigten zu halten. Es könnte aber helfen, vorher nicht nur in die Bibel zu schauen, sondern zuzuhören, was andere Menschen zu Ostern, Tod und Leben zu sagen haben. Und da wären die Gedanken und Gefühle von

Kindern besonders anregend. Ein Kollege hat dies einmal praktisch und wissenschaftlich getan. Mit Viertklässlern einer Grundschule in Wandsbek – zwanzig Fahrradminuten von meiner Haustür entfernt – hat er über einen längeren Zeitraum Oster-Theologie getrieben. Das heißt, er hat den Kindern nicht nur die biblischen Geschichten von Kreuz und Auferstehung erzählt, mit ihnen gesungen, gespielt oder sie malen lassen, sondern er hat mit ihnen regelrechte theologische Debatten über den Sinn des christlichen Glaubenskerns geführt. Und weil er gerade dabei war, hat er daraus eine sehr lesenswerte wissenschaftliche Studie gemacht. Seine Doktorarbeit widerspricht dem Klischee, dass Hamburg ein religiös trostloser Ort sei und es mit der Jugend von heute sowieso nur bergab gehe.

In einer meiner beiden Lieblingsstellen in seinem dicken Buch gelingt es einem Mädchen, die gesamte Heilsgeschichte in wenige, schlichte und nur ein bisschen schräge Worte zu fassen: »Gott hat ja auch Maria das Kind geschickt. Also, er hat sich eine auserwählt, weil er der Welt zeigen wollte, wie er sie liebt. Und deswegen, glaube ich, dass er dann auch der Welt Jesus wiedergegeben hat. Er wollte nicht, dass sie sagen, jetzt mag uns Gott wieder nicht oder so. Er wollte, dass er die ganze Zeit bei ihnen ist und hat ihn mit Hilfe von seinen Kräften halt auferstehen lassen.«

Meine zweite Lieblingsstelle ist ein Gruppengespräch. Ein Kind vergleicht den Tod Jesu mit dem eines Familienmitglieds: »Man glaubt eigentlich ein paar Jahre noch. Meine Uroma ist schon leider tot, ich glaube trotzdem noch an sie.« Das klingt zunächst seltsam, hat aber einen tieferen Sinn. Glauben ist nach Luther weniger das Fürwahrhalten irgendwelcher Lehren, sondern ein unbedingtes Vertrauen. Insofern kann man – abgeleitet – auch an die Uroma »glauben«. Ein zweites Kind nimmt diesen Faden auf: »Man vererbt sich auch Sachen. Wir haben noch ganz alte Tischdecken von meiner Uroma. Sie war Schneidermeisterin, und dann denken wir auch immer an sie.« Was bleibt von einem Menschen nach seinem Tod? Sein Erbe – aber das besteht weniger in materiellen Dingen als in einer ganz intensiven Erinnerung. Nun geht es Schlag auf Schlag. In schnellem Wechsel formulieren die Kinder gemeinsam einen Gedanken darüber, was Auferstehung heißt: »Von Jesus haben wir eigentlich den Glauben geerbt.« – »Genau, nicht Sachen, sondern ...« – »Geistliche Sachen, also den Glauben.« – »Und jetzt haben ganz viele Menschen etwas bekommen.« – »Nicht nur einer.« – »Fast die ganze Welt. Er hat den Glauben fast der ganzen Welt vererbt.«

Das ist sicherlich nicht alles, was man über Ostern sagen kann. Aber es ist schon sehr viel. Jesus Christus ist am Kreuz gestorben, doch er ist nicht im Tod geblieben, sondern von Gott in eine neue Form der Gegenwart geführt worden – und dies mit einer ganz anderen Reichweite. Er hat uns seinen Glauben an Gott vererbt.

Gemeinsames Abendmahl

Ein Thema, das zwischen Katholiken und Protestanten seit Jahrzehnten immer wieder kontrovers diskutiert wird, ohne dass irgendetwas dabei herausgekommen wäre, ist die Frage, ob nicht ein gemeinsames Abendmahl wünschenswert, möglich und erlaubt wäre. Wie viel Energie ist hier sinnlos verpufft, wie viele Gespräche wurden ohne Ergebnis geführt, wie viel theologisches Nachdenken blieb ohne Folgen. Vielleicht wäre es besser gewesen, alle hätten einmal in einen vergessenes Klassiker (ein »Klassiker« ist ein berühmtes Buch, das viele vom Titel her kennen, aber niemand gelesen hat) geschaut, um sich in einer kurzen, höchst dramatischen Geschichte erzählen zu lassen, dass es ein solches gemeinsames katholisch-evangelisches Abendmahl natürlich schon einmal gegeben hat. Diese Geschichte hat Ricarda Huch gefunden und neu erzählt. Sie findet sich in ihrem tausendseitigen Buch »Der 30jährige Krieg«, das zum ersten Mal vor genau 100 Jahren erschienen ist. Und dies ist die Geschichte über das erste (und dann für unabsehbare Zeit einzige) gemeinsame Abendmahl:

Es geschah am Ostermorgen des Jahres 1650, zwei Jahre nach dem Ende des Dreißigjährigen Krieges, der ersten deutschen Weltkatastrophe. Endlich war Friede. Aber was für einer? Ein Friede eher der Erschöpfung als der Einsicht, ein Friede in Ruinen, ein Friede mitten in der bittersten Not. An besagtem Ostermorgen hält nun ein evangelischer Pastor in seinem kleinen Dorf irgendwo in Deutschland wie ungezählte Amtsbrüder ebenfalls einen Gottesdienst. Und zwar draußen, unter freiem Himmel. Denn die Kirche ist zerschossen und verbrannt. So hat der Pastor in den Kirchhof einen Tisch gestellt. Ohne Decke und Kerzen. Für das Abendmahl gibt es kein kostbares Geschirr, nicht einmal Wein, nur Brot und Wasser. In seiner Predigt begrüßt der Pastor das neue Zeitalter des Friedens, wirbt für Versöhnung und Verständigung, für ein Ende des alten Glaubenshasses, für das Licht der Duldsamkeit, in dem auch Strahlen des Osterglaubens wirksam seien. Doch mitten in der Predigt bemerkt er, wie Unruhe aufkommt. Ein Trupp Reiter ist plötzlich da. Seit zwei Jahren herrscht Frieden, aber Ruhe ist noch nicht überall eingekehrt. Viele Soldaten haben den Weg zurück in ein normales Leben nicht gefunden und sind zu Räubern geworden. Der Anführer der Reiter unterbricht den Gottesdienst und verlangt Essen für sich und seine Leute, Futter für die Pferde sowie obendrein eintausend Taler. »Das kann nicht sein«, protestiert der Pastor, »diese Zeit ist vorbei.« Der Räuber-Leutnant brüllt ihm entgegen: »Für wen hält der Pfarrer sich?« Und packt dessen Tochter, sein einziges Kind, eine schöne, junge Frau mit einem Säugling im Arm. Das soll die Geisel sein. »Und nun«, ruft der schlechte Katholik, »du böser, ketzerischer Lutherpfaff, schaff das Geld herbei.«

Der Pastor bricht auf, das Verlangte herbeizuschaffen, obwohl dies eigentlich unmöglich ist. Stunden später kommt er zurück. Doch im Kirchhof herrscht Chaos, Leute schreien, alles geht durcheinander. Einer läuft auf den Pastor zu und meldet ihm, dass der Leutnant die Tochter gerade erstochen habe. Ihr Vater wirft sich in das Getümmel, umfängt seine tote Tochter, legt sie wieder nieder, springt auf den Anführer zu, plötzlich hat er ein Messer in der Hand: »Du Abtrünniger von Gott, jetzt werde ich dir das bübische Herz aus dem Leib reißen. Ich will den Wolf töten, der mir das Kind geraubt hat.« Mit der Macht der Verzweiflung wirft er den jungen Mann nieder und hätte ihn fast getötet, hätte sich nicht eine laute Stimme erhoben. Der Oberst der Truppe ist da. Er trennt die Kämpfenden. Sein Leutnant will sich rechtfertigen. Doch der Oberst erklärt: »Du bist ein Mörder und Landfriedensbrecher und wirst deinen Lohn durch Henkershand erhalten. Blut für Blut. Der Pfarrer soll die Genugtuung nennen.« Dieser kommt wieder zu sich, als sei er aus einem Wahn erwacht. Er beugt sich über seine Tochter, weint und küsst sie. Der Oberst schaut auf ihn und sein Enkelkind, die kleine Waise, die neben ihrer ermordeten Mutter steht. Er verspricht ihr eine fürstliche Erziehung bei sich zu Hause. Das weist der Pastor zurück. Da nimmt der Oberst eine goldene Kette von der Brust, deren Anhänger ein Marienbild trägt, und reicht es dem Kind. Das lässt der Geistliche geschehen. Nun wird der Leutnant abgeführt, um gleich hingerichtet zu werden. Da tritt der Pastor vor und bittet um Schonung: »Ich habe meine Rache Gott geopfert und will den Tod nicht mehr.« Darauf der Oberst: »Das geht nicht!« Doch beharrt der Pfarrer: »Es ist Ostern und Friede. Die Befleckung des Tages lässt sich nicht mit noch mehr Blut sühnen. Der Schuldige soll zusehen, wie er seine Seele rettet.« Schließlich gibt der Oberst nach.

Nun lässt der Pastor den Kirchhof säubern, um den unterbrochenen Gottesdienst – nach Stunden – zu Ende zu führen. Die Predigt nimmt er nicht mehr auf. Dafür bereitet er das Abendmahl vor. Dazu lädt er die Soldaten und den

Oberst ein. Der zögert, überlegt. Sie seien doch fast alle Katholiken und es stehe ihnen nicht zu, an einem lutherischen Abendmahl teilzunehmen. Aber andererseits sei ja Ostern und wenn man bedenke, was heute geschehen sei, dürfe man es bei dieser Gelegenheit nicht so genau nehmen und müsse wohl zum Zeichen des Friedens die Einladung annehmen. Inzwischen ist es Abend geworden, und der weiche Himmel biegt sich über das dämmernde Hügelland, wie ein Strauch voll weißer Rosen über ein Grab. Der Oberst nimmt seinen Federhut ab und kniet nieder, die Soldaten tun es ihm nach. Wie alle Dorfbewohner empfangen sie, wenn auch mit anfänglichem Widerwillen, die heiligen Gaben aus der Hand des fremden Pastors. »Siehe, es ist alles neu geworden«, sagt der Pastor nach dem Segen. Die Soldaten sitzen auf und reiten davon. Der Pastor lädt sein totes Kind auf den Arm und geht mit der Gemeinde zum Friedhof.

Ostermontagschristentum

Es könnte doch sein, dass hinter der Tatsache, dass es nicht nur einen Ostersonntag, sondern auch einen Ostermontag gibt, ein gewisser theologischer Sinn steckt und nicht bloß arbeitnehmerfreundliche Freizeitverlängerung. Wenn man die Frage stellt, warum es diesen Ostermontag eigentlich geben muss und wofür er heute noch gut ist, sollte man gleich den klassischen Evangeliumstext dieses zweiten Feiertags konsultieren. Dann nämlich kann einem aufgehen, dass dieser kleine und unscheinbare Bruder des großen Ostersonntags besonders gut zum Glauben unserer Zeit passt. Denn mir scheint, dass wir – oder doch die meisten von uns – eher Ostermontags-, als Ostersonntagschristen sind. Was meine ich damit? Der Ostersonntag ist ein strahlender Tag. Er bringt die überraschende, überwältigende, überweltliche Wende. Er bringt das große Wunder, und er bringt es mit unvermittelter Wucht: Christus war tot, aber nun lebt er. Er ist auferstanden, wahrhaftig auferstanden. Die Jüngerinnen, die Jünger schauen ihn – direkt, körperlich, zum Greifen nah. Er ist da. Und sie sind ergriffen, von Furcht und Zittern, von Ehrfurcht und dann von Jubel, ungezügelter Freude, Glaubensglück. Und sie stimmen ein Triumphgeschrei an: Der Tod ist besiegt! So mündet der Ostersonntag in ein überschäumendes Halleluja! Mit diesem Siegesruf beginnt das Christentum. Wie es in einer Osterkantate von Johann Sebastian Bach heißt: »Der Himmel lacht! Die Erde jubilieret und was sie trägt in ihrem Schoß; der Schöpfer lebt! Der Höchste triumphieret und ist von Todesbanden los.«

Doch wir heutigen Christen sind weniger auf Triumph gestimmt. Denn wir haben Christus nicht geschaut, sind ihm nicht begegnet, haben kein körperliches Gefühl seiner Gegenwart. Und nicht nur das: Wir kennen zudem die große Macht des Todes, die sich nicht einfach wegbesiegen lässt. Wir haben auch einen Glauben, aber er ist nicht unmittelbar. Er ist weniger visionär und mehr reflexiv. Deshalb ist er auch stiller und äußert sich verhaltener. Er trägt die Keime der Ungewissheit und des Zweifels in sich. Aber er ist doch ein Glaube. Nur kommt ihm das ostersonntägliche Halleluja nicht so leicht und laut über die Lippen. Denn wir sind späte Christen, in unserem Glauben eher Abendmenschen als Morgenmenschen. Wir, zumindest viele von uns, sind eher Ostermontagabendchristen als Ostersonntagmorgenchristen. Doch darüber müssen wir uns nicht grämen. Denn auch für uns gibt es ein Evangelium, nämlich das Evangelium von den Emmaus-Jüngern, in seiner verhaltenen Stille eine der schönsten Geschichten der Bibel.

Es waren zwei, und sie gingen von Jerusalem fort, zurück in ihr Heimatdorf, nach Emmaus, einen Weg von zwei Stunden. Und reden miteinander, wie sie es nicht verstehen können, dass es dazu kommen konnte, dass ihr Meister sterben musste. Sie gehen langsam, vertieft in ihr trauriges Gespräch. Da kommt ein dritter, geht mit ihnen, hört ihnen eine Weile zu, spricht dann zu ihnen. Sie kennen ihn nicht, erkennen ihn nicht. Wohl weil ihre Augen so traurig sind und sie ihre Köpfe so tief hängen lassen.

Der dritte fragt, was mit ihnen sei. Der eine bleibt stehen, fragt zurück: ›Bist du der einzige, der es nicht weiß, was geschehen ist?‹ Dass ihre Hoffnung gestorben ist, weil Jesus gekreuzigt wurde und begraben, aber sein Grab leer sein sollte, so dass ihnen gar nichts mehr blieb, nicht einmal mehr ein Ort für ihre Trauer. Doch der dritte fragt zurück: ›Musste das nicht alles geschehen?‹ Und fängt an, ihnen die Schrift auszulegen, all die Prophetenworte. Während sie weitergehen. Doch die zwei verstehen nichts. So kommen sie redend und rätselnd nach Emmaus, das vertraute Dorf. Der dritte will weitergehen, aber die zwei bitten: ›Bleibe bei uns; denn es will Abend werden und der Tag hat sich geneigt.‹

Der dritte lässt sich bitten und kehrt bei ihnen ein, wird Gast in ihrem Haus, setzt sich an ihren Tisch. Die zwei tischen auf, was sie eben haben: Brot und Wein. So sitzen sie, da nimmt der dritte das Brot, dankt und bricht es und gibt es ihnen. Da endlich öffnen sich ihre Augen, befreit sich ihr vernagelter Blick, bricht sich das Verstehen Bahn. Und sie erkennen ihn. Doch schon ist er verschwunden. Nur sie bleiben zurück, in ihrem Haus, an ihrem Tisch, bei Brot und Wein, wundern sich und fragen sich: ›Brannte nicht unser Herz in uns, als er mit uns ging, mit uns redete, uns die Schrift öffnete, uns die Wahrheit enthüllte?‹

Und obwohl es schon dunkle Nacht ist, stehen sie auf, brechen auf, kehren zurück nach Jerusalem und berichten es den anderen Jüngern.

Man muss als Christ nicht immer nur Halleluja singen. Man kann auch sagen: »Bleibe bei uns; denn es will Abend werden und der Tag hat sich geneigt«, und sich dabei fragen: »Brannte nicht unser Herz in uns und glimmt es nicht immer noch?«

VI.

FAST SCHON VORSOMMER – IMMER NOCH OSTERZEIT UND DANN PFINGSTEN

Erscheinung

Einmal hatte ich bei einer Radfahrt eine regelrechte Erscheinung. Ist wirklich wahr. Ein Kollege in der Nachbarschaft war erkrankt, und ich wollte ihn vertreten. In sonntäglicher Herrgottsfrühe fuhr ich los. Der Weg führte mich durch ein Gewerbegebiet. Ein Gewerbegebiet am Sonntagmorgen – das ist ein seltsames Bild des Friedens. Die Straßen sind so leer wie die Häuser. Keiner arbeitet, keiner kauft. Ich fuhr an schlafenden Speditionen vorbei. Dort standen herrenlose Hänger an Rampen wie Pferde vor einem Saloon. Ich fuhr an Autohäusern vorbei, wo niemand guckte, kein Händler wartete im allzu bunten Jackett. Ich fuhr an einsamen Müllcontainern vorbei, vorbei am dunklen Baumarkt, unter dem alten Ölgeruch der Pommesbude hindurch. Vorbei, vorbei. Ein Gewerbegebiet am Sonntagmorgen, auch das ist ein Traum vom Glück. Da kam plötzlich ein Tiger auf mich zu. Ich lüge nicht. Der Tiger war ungeheuer groß, rot und schwarz, aus Plastik und aus Luft. Ein Riese, er versperrte mir die ganze Straße. Ich kam nicht vorbei. Die Nacht war laut und wild gewesen, bis an den Rand angefüllt mit starken Winden. Die werden ihm geholfen haben, seine Fesseln zu sprengen und hinunterzukommen vom Tankstellendach. Er muss eine Prallheit in sich gespürt haben, eine wilde Lust, sich zu lösen und zu springen. Noch hatte niemand seine

Flucht bemerkt und gemeldet. Noch war niemand ausgezogen, ihn zu fassen und wieder auf das Tankstellendach zu packen. So konnte er sich einfach treiben lassen. Lässig schabte er über den blanken Asphalt mit der müden Eleganz eines besseren Herrn. Ich gönnte ihm dieses Glück, meldete seinen Ausbruch nicht, stieg ab, schob mein Rad vorsichtig an ihm vorbei, streichelte leise sein Plastikfell und fuhr dann höflich winkend fort.

Der Gottesdienst danach verlief ohne besondere Vorkommnisse.

Fago

Das erfolgreichste Gottesdienstereignis in meiner Stadt ist der alljährliche Motorrad-Gottesdienst, der immer zu Beginn der Biker-Saison gefeiert wird. Ich konnte bisher noch nie daran teilnehmen, aber die Kollegen sowie die Regionalpresse berichten mir jedes Mal, dass wieder Millionen begeisterter Menschen beim »Mogo« waren. Das wollte ich auch einmal haben. So nutzte ich einen der inzwischen abgeschafften autofreien Sonntage, ließ auf einer der befahrensten Straßen eine kleine Bühne bauen, ein fahrradaffiner Kantor besorgte einen Chor und Vertreter des örtlichen Fahrradvereins hatten freundlich-distanziert Werbung gemacht. So feierten wir den ersten »Fago«. Gemeinsam mit dreißig Radfahrern und Spaziergängern. Die Idee war gut, doch die Welt noch nicht bereit.

Singen

Viele Sonntage nach Ostern tragen schöne lateinische Namen und besitzen tiefere Bedeutungen. »Kantate« heißt einer von ihnen. Das bedeutet »Singt«. Der Gottesdienst an diesem Sonntag bietet der Kirchenmusik reiche Möglichkeit, aufgeführt, gehört und bedacht zu werden. Ich selbst befinde mich da aber in einer Zwickmühle. Ich bin recht begabt im Musikhören, aber nicht im Musikmachen. Ich spiele kein Instrument. Ich singe gern und laut. Aber es ist für alle am besten, wenn ich dies allein beim Fahrradfahren tue. So konnte ich lange am Sonntag »Kantate« nicht so vollmundig mit einstimmen, bis ich bei Georg Christoph Lichtenberg eine Bemerkung fand, in der ich mich verstanden und getröstet fühlte:

»Ich verstehe von Musik wenig, spiele gar kein Instrument, außer dass ich gut pfeifen kann. Hiervon habe ich schon mehr Nutzen gezogen, als viele andere von ihren Arien auf der Flöte und auf dem Clavecin (Cembalo). Ich würde vergeblich versuchen, mit Worten auszudrücken, was ich empfinde, wenn ich an einem stillen Abend ›In allen meinen Taten‹ recht gut pfeife und mir den Text dazu denke, ich singe nicht gern alleine. Wenn ich an die Zeile komme ›hast du es denn beschlossen‹, was fühle ich da oft für Mut, neues Feuer die Menge, was für Vertrauen auf Gott, ich wollte mich in die See stürzen und mit meinem Glauben nicht ertrinken, mit dem Bewusstsein einer einzigen Guttat eine Welt nicht fürchten.«

Das von Lichtenberg so gern gepfiffene und innig genossene Lied stammt von Paul Fleming. Das war ein unglückliches Genie der evangelischen Barock-Lyrik. Er lebte mitten im 30jährigen Krieg, reiste viel und weit umher, starb aber viel zu früh mit nur 30 Jahren auf der Durchreise durch meine Heimatstadt. In der Hamburger Hauptkirche St. Katharinen wurde er bestattet. Erstaunlich viele, große und von orthodoxer Frömmigkeit erfüllte Verse hat er verfasst. Dieses eine Lied allein ist im heutigen Gesangbuch aufbewahrt, wird aber recht selten gesungen. Das ist schade, denn was Gottvertrauen bedeutet, lässt sich hier besonders fein erfahren. »In allen meinen Taten / lass ich den Höchsten raten, / der alles kann und hat; / er muss zu allen Dingen, / soll's anders wohl gelingen, / mir selber geben Rat und Tat.« Und eine Strophe, die im Gesangbuch nicht aufgenommen wurde lautet: »Hat er es denn beschlossen, / so will ich unverdrossen, an mein Verhängnis gehen; / kein Unfall unter allen / wird mir zu harte fallen, / ich will ihn überstehen.«

Über dieses Lied hat Lichtenberg einige Jahre später sogar noch eine zweite Notiz verfasst, so groß war seine Liebe. Am Karsamstag des Jahres 1775 war er abends durch London spazieren gegangen. Es wurde dunkel, der Mond ging auf, da kam er zu dem Haus, aus welchem im Jahr 1649 König Karl der Erste 1649 an das Schafott getreten war. Er hatte den Bürgerkrieg gegen die Puritaner unter Oliver Cromwell verloren und dies mit seinem königlichen Leben bezahlen müssen. »Hier fügte sich's, dass mir einer von den Leuten begegnete, die sich bei den Orgelmachern Orgeln mieten und damit auf den Straßen herumziehen, und so lange im Gehen spielen, bis sie irgendjemand anruft und sie für Sixpence ihre Stücke durchspielen lässt. Die Orgel war gut, und ich folgte ihm langsam auf den Fußbänken (Bürgersteigen), er selbst ging mitten auf der Straße. Auf einmal fing er an, den vortrefflichen Choral ›In allen meinen Taten‹ zu spielen, so melancholisch, so meiner damaligen Verfassung angemessen, dass mich ein unbeschreiblich andächtiger Schauer überlief. Ich dachte dann im Mondenlicht und unter dem freien Himmel an meine entfernten Freunde zurück, meine Leiden wurden mir erträglich und verschwanden ganz. Ich konnte mich nicht enthalten, die Worte leise dazu zu singen. ›Hast du es dann beschlossen, so will ich unverdrossen an mein Verhängnis gehen.‹ Vor mir lag das majestätische Gebäude vom vollen Monde erleuchtet, es war Abend vor Ostern. Hier zu diesem Fenster stieg Karl heraus, um die vergängliche Krone mit der unvergänglichen zu vertauschen. Gott, was ist weltliche Größe!«

Beten

Ein anderer Sonntag heißt »Rogate«, übersetzt »Betet«. Da geht es also um das Gebet. Dazu zwei Schlaglichter zur Lage des Gebets in unserer Zeit.

Regelmäßig habe ich mit einer Kollegin zu tun, die in einem sehr viel ärmeren Stadtteil als meinem im Hamburger Osten an einer Schule arbeitet. Kürzlich sagte sie mir, wie überrascht sie immer wieder darüber sei, wie unkirchlich die meisten Kinder und Jugendlichen seien. Die meisten brächten kaum noch Reste an kirchlicher Tradition und religiösem Wissen mit. Ihre primäre Zielgruppe seien deshalb die muslimischen Kinder. Die hätten eine Ahnung davon, dass es besondere Zeiten gibt, Feiertage, die den Alltag unterbrechen und Zeit für etwas ganz anderes schenken. Dass es besondere Räume gibt, ausgegrenzte Orte, in denen man sich anders benimmt, um etwas ganz anderes zu erfahren. Dass es eine Form des Sprechens und Hörens gibt, stille, gesprochene und gesungene Gebete, in denen man aus sich heraustritt, um wahrhaft zu Besinnung zu kommen. Und dass es besondere Handlungen gibt, die sich unterscheiden von den sonstigen Geschäften, weil es bei ihnen allein darum geht, anderen etwas zu geben. Und alles hänge doch miteinander zusammen: Die Fähigkeit, religiöse Feiertage zu achten und zu begehen; die Begabung, heilige Orte zu erkennen und zu erfahren; das Talent, im Gebet zu Gott zu sprechen und auf ihn zu hören; die Bereitschaft, Almosen zu geben und zu spenden.

Den meisten, ursprungsdeutschen Kindern sei dies alles fremd. Und mit nicht wenigen ihrer Eltern habe sie Konflikte, weil diese nicht einsähen, dass ihre Kinder notleidenden Kindern in anderen Weltteilen etwas geben sollten. Den muslimischen Mädchen und Jungs sei dies viel verständlicher. Wenn sie also als evangelische Schulpastorin Gottesdienste und religionspädagogische Projekte vorbereite, versuche sie zunächst, diese nicht-christlichen, aber religiös erfahrenen Schülerinnen und Schüler anzusprechen. Dann könne es gelingen, auch die anderen zu erreichen.

Ein anderes Schlaglicht aus meiner Gemeinde in Harvestehude, einem wohlhabenden Stadtteil. Meine Kirche ist täglich geöffnet, von 8 bis 18 Uhr. Und ich beobachte, wie – nicht Menschenmassen, aber doch – immer wieder einzelne eintreten, vorn in den Vorraum, das Baptisterium, dort einen Moment vor dem Christus verharren und still eine Kerze anzünden, oder in den leeren Kirchsaal treten, sich hinsetzen, die Ruhe genießen, das Licht betrachten. Sehr unterschiedliche Menschen: Frauen, die vom Einkaufen kommen mit voll gepackten Taschen, Hundebesitzer, Großeltern mit Enkeln, dann und wann ein Tourist, manchmal sogar ein Jogger, der nach seiner Runde um die Alster kurz vorbeischaut. Auch Radfahrer natürlich. Was sie hier wollen und erleben, wissen wir nicht. Wir fragen sie nicht, sondern lassen sie in Ruhe diese Kirche erleben. Aber einige hinterlassen etwas, Grüße und kurze Gebete in unserem Fürbittenbuch vorn im Baptisterium. Zum Beispiel: »Heile Du mich, Herr, so werde ich heil. Hilf du mir, so wird mir geholfen.« »Lieber Gott, gib mir die Kraft, die Behinderung meiner Schwester zu ertragen und den Streit mit meiner Freundin zu verkraften. Hab ein offenes Herz und Ohr und ein schützendes Auge.« »Lieber Gott, gib mir Kraft, dass ich nicht mehr rauche und trinke.« »Guter Gott, du weißt um meine Bedrängnis. Mach mich wieder froh, versöhne mich mit allem, was mich belastet. Lege deine Hände auf meine Schultern und mach mich wieder stark und heiter.« »Auf dass alle eins seien in Christus.« »Danke, lieber Gott, danke.«

Es gibt so viele Arten zu beten, wie es Menschen gibt. Und es gibt so viele Arten, nicht zu beten, wie es Menschen gibt. Darum ist es wichtig, voneinander zu lernen, wie man noch beten kann, und einander darin zu bestärken, es auch zu tun. Denn im Gebet können wir anders sprechen und hören. Wir können aus uns heraus- und vor Gott treten, uns vor seiner Unendlichkeit klein fühlen, ohne uns schämen zu müssen. Das entlastet uns von Selbstüberschätzung und Selbstüberforderung. Das kann uns frei machen, uns selbst ehrlich ins Gesicht zu schauen. Und es kann uns frei machen, an andere zu denken, die Menschen, die wir lieben oder mit denen wir unsere Mühe haben (und sie mit uns). Ein solches Gebet kann ein Band des Friedens sein. An solch einem Band aber muss man mit einer gewissen Disziplin knüpfen. Es braucht Beharrlichkeit, denn wir sind abgelenkt und mit anderem beschäftigt. Und wenn wir dann zum Beten kommen, erfahren wir oft nicht viel. Es gibt Zeiten der Dürre. Das muss man aushalten, beharrlich weiter beten, weiter knüpfen an diesem Band des Friedens, um dann doch kostbare Momente der Erfüllung zu erfahren. Und diese Momente sollte man nicht verschlafen, weshalb es so wichtig ist, wach zu sein im Gebet.

Wie gesagt, es gibt so viele Arten zu beten, wie es Menschen gibt: viele feste traditionelle Formen, in der Kirche, im Gottesdienst, im Knien oder Stehen, mit alten, altehrwürdigen Worten. Sie sind hilfreich und gut. Es ist gut, keinen Tag verstreichen zu lassen, ohne ein Vaterunser zu sprechen.

Was mich aber noch anzieht und mir sogar manchmal gelingt, ist etwas anderes: ein beharrliches Gebt ohne Worte und Gesten, das in einer eigentümlichen Wachheit besteht. Oft ist es nur ein Gedanke der Dankbarkeit, der mich den Tag hindurch begleitet wie ein zartes Summen. Oder ein unausgesprochenes Gefühl der Zuversicht; dass es gut gehen wird, weil Gottes Licht mir leuchtet. Oder ein Mut, der mich beschwingt an die Pflichten des Tages gehen lässt. Oder eine Hoffnung, dass diese Welt nicht verloren ist, sondern neu werden kann. Oder eine Aufmerksamkeit, dass ich andere nicht nur mit meinen Augen betrachte, was sie mir bedeuten, mir bringen oder nehmen, sondern so ansehe, wie Gott es tun würde. Solche stillen Gedanken und Gefühle können auch Gebete sein. Vielleicht besonders gute, weil sie sich nicht vom restlichen Leben abheben, sondern es umhüllen wie eine zweite Haut. Wo ich gehe, wo ich stehe. Beharrlich und wach. Am tiefsten ergreifen mich die Gebete, in denen ich mich selbst nicht als Beter betätige, sondern mich einfach so als Kind Gottes fühle, als Mensch, der in Gottes Welt sein darf, wenn ich die Wolken betrachte und meine Seele mit ihnen ziehen lassen, den Mai besinge und seine Luft einsauge, am Morgen ohne Klagen aufstehe und an meine Arbeit gehe, Bitten höre, bedenke und bearbeite, mich über andere nicht ärgere, sondern über sie freue und irgendwann am Ende einer langen Woche mit einem unausgesprochen Amen einschlafe.

Geistwind

Jahr für Jahr vor Pfingsten fragen Journalisten unschuldige Menschen auf der Straße, was denn der Sinn dieses Festes sei. Und Jahr für Jahr fahren sie kümmerliche Ernte ein: Keiner weiß nichts über den Heiligen Geist. Für gewöhnlich wird dann als Erklärung vorgebracht, dass zum einen das christliche Abendland untergeht und zum anderen der Heilige Geist eine so abstrakte Größe ist, dass die armen Leute auf der Straße wirklich überfordert sind. Ich weiß nicht recht. Das Problem mit dem Heiligen Geist besteht doch nicht darin, dass er so abstrakt ist, als vielmehr darin, dass er so viele und unterschiedliche Gestalten annehmen kann. Denn er ist für jeden etwas anderes und nicht einmal in jeder Lebensphase das gleiche. Das macht die Suche nach dem Heiligen Geist und seinem Wirken so verwirrend und so reizvoll.

Der Geist ist wie ein Wind. Und er weht, wie er will. Mal stürmisch, in Orkanstärke, wie ein Feuer kommt er dann über die Menschen und versetzt sie in besinnungslose Begeisterung. So soll es am ersten Pfingsttag gewesen sein, als Feuerflammen über die Jünger kamen. So ist es heute noch in den Pfingstkirchen der südlichen Halbkugel. Der Geist kann aber auch anders. Er kann auch wehen wie ein stilles, sanftes Sausen und die Menschen trösten, ihren Kummer lindern.

(Ich mag übrigens beide Formen bewegter Luft: den scharfen Gegenwind, der mir ins Gesicht bläst, gegen den ich mich vorwärts kämpfen muss, zum Beispiel wenn meine Radtour mich zum Fluss führt und zum Hafen (»wo die großen Schiffe schlafen«), aber auch die freundliche Luft, die mich von hinten sanft nach vorn bewegt.)

Der Geist ist wie ein Wind. Er weht, wie er will und natürlich auch wo er will. Draußen, am Wasser, auf freier Fläche, auch in der Stadt, den Straßen und Plätzen. In vielen, sehr unterschiedlichen Häusern. Überall dort nämlich, wo plötzlich Hoffnung entsteht. In den Kirchen zum Beispiel, wenn dort Musik erklingt, der man Glauben schenken kann, wenn dort alte Texte gelesen und gehört werden, die neue Geschichten erzählen, wenn dort Menschen zueinander finden, die sich sonst fremd geblieben wären, wenn einzelne dort wirklich zur Besinnung kommen. Dann ist das mehr als Kult, Ritual und Tradition. Dann ist der Geist Gottes da. Aber er gehört der Kirche nicht. Er kann auch ganz woanders wehen: in Theatern und Museen, in Kinos und auf Straßenfesten, in Stadtteilhäusern, Krankenhäusern, Altenheimen und Beratungsstellen. Er ist überall dort, wo Hoffnung, Glaube, Liebe sind. Er ist also gar nicht abstrakt, sondern nur höchst vielgestaltig.

Polyglott

Pfingsten ist auch das Fest der Mehrsprachigkeit. Denn nicht zuletzt darin zeigte sich die Macht des Heiligen Geistes, dass die Jünger – von ihm erfasst – plötzlich in fremden Sprachen sprechen und das Evangelium verkünden konnten. Höre ich mich aber heute in meiner Kirche um, vermisse ich weniger dieses euphorische In-fremden-Zungen-Sprechen als die Fähigkeit, ein schönes, klares, evangelisches Deutsch zu sprechen und zu schreiben. Vor kurzem etwa fiel mir eine Anleitung für Glaubenskurse in die Hände. Solche Kurse für religiös suchende Erwachsene anzubieten, ist natürlich eine sinnvolle und grundsätzlich begrüßenswerte Idee, die weiterzuverfolgen ich aber keinerlei Lust mehr verspürte, als ich darin den Hinweis las, »modernen Performern« müsste man bei solchen Glaubenskursen »attraktives Finger Food bieten«, auch brauche man ein »modernes Media-Equipment«, denn »ein Folienprojektor wäre absolutes No-Go«. Wie gesagt, wenn mir in meiner Kirche solch ein gemischtsprachliches Geschwätz begegnet, wünsche ich mir nur noch die alte, bescheidene Einsprachigkeit zurück.

Denn das ist doch das Schwerste: den christlichen Glauben einfach darzustellen. Wenn es gelingt, ist es wie ein kleines Pfingstwunder. Der Theologe Trutz Rendtorff hat es vor gut dreißig Jahren einmal so versucht:

»1. Das Ja zum Leben ist der Ursprung der Hoffnung. Ist es ernst gemeint, kann es nicht mehr zurückgenommen werden. Es muss immer wieder erneuert werden. Schöpfung ist das Ja zum Leben. Gott ist der Schöpfer. Er meint es ernst. Er nimmt das Ja nicht zurück. Wir leben davon, dass Gott sein Ja immer wieder erneuert.

Dies zu bekennen, heißt: Das Ja vor das Nein stellen. Immer wieder. Das Ja zum Leben ist verbindlich. Für Gott. Und darum für uns Menschen.

2. Das Gelingen des Lebens fällt schwer. Wer hat es in der Hand? Hände geben und nehmen. Geben ist seliger als Nehmen. Selbstverwirklichung ist das Ausstrecken der Hände nach dem Gelingen des Lebens. Wer sich selbst verwirklichen will, hat sich nicht selbst in der Hand. Jesus Christus hat sein Leben gegeben. In Gottes Hand. Jesus Christus hat die Liebe Gottes verwirklicht. Liebe ist mehr als Selbstverwirklichung. Sie ist das Gelingen des Lebens. Für andere. Gemeinsam.

Das zu bekennen, heißt: Die Liebe Gottes empfangen. Und weitergeben. Aber Stellvertretung allein fällt schwer. Sie braucht Gemeinschaft.

3. Glaube macht frei. Glaube vertraut darauf: Der

Mensch ist mehr als er kann. Und soll. Die Autorität der Freiheit ist Gnade. Die Anerkennung des Menschen allem Widerspruch zum Trotz. Gnade ist Freiheit für Abhängige. Leben aus Freiheit trotz Abhängigkeit.

Und Sünde. Gnadenlose Freiheit ist etwas für Starke, auf Kosten von Schwachen. Die Rechtfertigung macht aus Schwachen und Abhängigen Freie. Die Starken bleiben, wo sie sind. Mit sich allein. Glauben aus Freiheit hat die Stärke Gottes auf seiner Seite. Aus Gnaden allein.

Das zu bekennen, heißt: Angenommensein. Und darum Freiheit befördern. Ohne Bedingungen zu stellen. Wir bekennen unseren Glauben. Nicht uns selbst. Bekenntnisse schließen Zweifel nicht aus. Gewissheit ist nicht Selbstsicherheit. Nicht gegen etwas, sondern für etwas soll bekannt werden. Darum sind Bekenntnisse keine abschließenden Worte. Auch keine vollständigen. Sie sind Worte unterwegs. Sie suchen Weggefährten. Und neue Einsicht. Selbstbehauptung dient nicht der Erneuerung des Bekenntnisses. Aber auch Gemeinschaft lässt sich nicht erzwingen. Ein freies Bekenntnis ist offen für neue Gemeinschaft. Es lebt vom Wort, nicht vom Zwang.«

Nicht gleichgültig

Überzeugend ist auch ein Versuch des Theologen Helmut Gollwitzer aus dem Jahr 1970. Daraus einige Sätze:

»Nichts ist gleichgültig. Ich bin nicht gleichgültig. – Alles, was wir tun, hat unendliche Perspektiven. – Es bleibt nichts vergessen. Es kommt alles noch einmal zur Sprache. – Wir kommen aus Licht und gehen in Licht. – Wir sind geliebter, als wir wissen. – Wir sind nicht allein. – Wir sind nie allein. – Dieses Leben ist ungeheuer wichtig. – Die Welt ist herrlich – die Welt ist schrecklich. – Es kann mir nichts geschehen – Ich bin in größter Gefahr. – Es lohnt sich zu leben.«

VII.

DER LIEBE LANGE SOMMER – TRINITATIS UND SEINE VIELEN SONNTAGE – GLÜCKSGEDANKEN

Glückstest

Auf das Pfingstfest folgt das Fest der Heiligen Dreifaltigkeit. Erscheint vielen Pfingsten mit diesem unsichtbaren, wandelbaren Geist abstrakt und schwer begreiflich, so erscheint ihnen Trinitatis vollkommen unverständlich. Da dies kein theologisches Lehrbuch ist, verzichte ich auf Versuche, hier die göttliche Mathematik zu erklären, warum Eins gleich Drei ist.

Vielleicht hilft es eher, dem Heiligen Geist, der neben Vater und Sohn als göttliche Wirkkraft verehrt wird, auf die Spur zu kommen, wenn man einmal probeweise überlegt, was einen glücklich, wahrhaft glücklich macht und was dies mit dem christlichen Glauben zu tun haben könnte. Der liebe lange Sommer, wenn er denn lieb ist, bietet dazu reichlich Gelegenheit: den Spaziergängern, Sonnenbadern und natürlich auch den Radfahrern. Es lohnt also, einmal im Sommer darüber nachzudenken, wo und wie der Heilige Geist im eigenen alltäglichen Erleben zu finden sei und somit den christlichen Glauben einem seelischen Wirklichkeitstest zu unterziehen, indem man der Frage nachgeht, ob man denn selbst eigentlich glücklich ist, und zwar in einem tieferen und dauerhafteren Sinne. Denn im Glück kommt beides zusammen: das Allereigenste und das Höchstfremde, das eigene Tun und Erleben, aber auch das überraschende Geschenk und freundliche Geschick. Und beides verbindet sich so, dass etwas Neues entsteht, ein neues Leben, ein neuer Mensch. Was man dann wiederum »Wirken des Heiligen Geistes« nennen könnte, allerdings ohne dass dies eine theologische Behauptung bliebe, weil es eben selbst empfunden und im eigenen Leben vollzogen wird.

Alle Tage

Über den Alltag wird zu selten nachgedacht. Auch die Theologen kümmern sich zumeist lieber um vermeintlich Wichtigeres und angeblich Höheres. Als ob der Alltag normal und gewöhnlich wäre. Für Christen sollte er genau das nicht sein. Das Kirchenjahr wäre nicht verstanden, wenn man in ihm nur eine Perlenkette erhebender Festlichkeiten sähe, ist es doch im Gegenteil der Versuch, dem ganzen und – das heißt vor allem – dem alltäglichen Leben einen geistlichen Rhythmus zu geben, in dem Sonn- und Wochentag, Fest- und Werktag ihren Ort und ihren je eigenen Klang besitzen. Eine rühmliche Ausnahme zur allgemeinen theologischen Alltagsvergessenheit bildet der alte Karl Rahner, der immerhin diese Zeilen hinterlassen hat: »Man kann und soll auch durch die hohen Gedanken des Glaubens und die Weisheit der Ewigkeit den Alltag nicht in einen Feiertag verwandeln. Er muss unversüßt und unidealisiert bestanden werden. Denn nur so ist er gerade das, was er für den Christen sein soll: der Raum des Glaubens, die Schule der Nüchternheit, die Einübung der Geduld, die heilsame Entlarvung der großen Worte und der unechten Ideale, die stille Gelegenheit, wahrhaft zu lieben und getreu zu sein, die Bewährung der Sachlichkeit.«

Glücksrad

Da sich nun heutzutage alles daran messen lassen muss, ob es dem persönlichen Glücksempfinden aufhilft, muss wohl auch die Frage gestellt werden, ob Radfahren glücklich macht. Zum Glück kann sie kurz und flott beantwortet werden: Ja! Und doppelt Ja im Sommer! Weitere Begründungen sind nicht vonnöten. Wer es nicht glaubt, muss es einfach nur probieren. Dankenswerterweise gibt es jetzt in meiner und vielen anderen Städten überall Leihräder. Das ist wieder eine der wenigen an und für sich rein sinnvollen Erfindungen. Es gibt ihn eben doch, den Fortschritt.

Also, es ist nicht nur ökologisch verdienstvoll, verkehrspolitisch vernünftig und medizinisch empfehlenswert, sondern entspricht auch schlichtem Eigeninteresse, blanker individueller Genusssucht, wenn man stets und ständig Rad fährt.

Glückstag

Was das Glück sei, ist eine große Frage. Man kann sich ihr aber annähern, indem man fragt, was ein glücklicher Tag denn eigentlich ist. Was muss geschehen, was muss gegeben sein, damit wir sagen können, dieser eine Tag ist gelungen und heute ist alles da? Wann ist er so rund, so erfüllt, harmonisch, stimmig und sinnreich, dass das Wort »Glück« keine leere Hoffnung, keine Lüge, kein bloßer Traum ist, sondern mit Händen zu greifende Wirklichkeit?

Die Antwort gibt der wunderbare polnisch-litauische Dichter Czeslaw Milosz in seinem Gedicht »Gabe«:

Der Tag war glücklich.
Der Nebel fiel früh herab, ich hatte im Garten zu
  schaffen.
Die Kolibris rasteten an der Blüte des Kaprifoliums.

Es gab in der Welt kein Ding, das ich hätte haben wollen.
Ich kannte niemanden, den ich beneiden müsste.
Was Böses geschehen war, hab ich vergessen.
Ich schämte mich nicht zu denken, ich sei, wer ich bin.
Ich spürte keinerlei Schmerz im Leibe.
Aufgerichtet sah ich das blaue Meer und die Segel.

Hier ist alles da. Ich habe einen Ort und eine Aufgabe. Ich arbeite im Garten, helfe dem Leben zu wachsen und zu gedeihen, schütze es vor Schaden, bringe es zum Blühen, ernte Früchte. Diese Arbeit ist keine Last. Sie ist eine Lust. Der Frühnebel kommt mir zur Hilfe. Kolibris kommen zu mir zu Besuch. Sie lockt der Reichtum meines Gartens. Hier ist alles da. Mehr brauche ich nicht. Meine Not verstummt, meine Gier ist gestillt. Ich kann mich an nichts Böses erinnern, so als wäre die Sünde noch nicht erfunden worden. Ich kenne die Scham noch nicht, nicht mehr. Ich bin, wer ich bin, und finde das gar nicht schlimm. Nichts tut mir weh, nichts Äußeres, nichts Inneres. Ich stehe und gehe aufrecht. Ich erhebe meine Augen. Da schaue ich das Meer und die Segel. Ich atme auf. Mein Atem fließt frei, ein und aus. Ich lebe im Paradies.

Das Gedicht heißt Gabe, weil all dies, was diesen Tag glücklich sein lässt, eine Gabe ist, keine selbstverständliche Gegebenheit also, auch nicht das Ergebnis eigener Anstrengungen, sondern mir gegeben. Von wem, verrät das Gedicht nicht. Aber das stört mich gar nicht. Es lässt die Frage offen und gerade dadurch so vollkommen.

Übrigens stelle ich mir immer vor, dass er mit dem Fahrrad in seinen Garten gefahren ist, bei lauem Gegenwind, mit Blick aufs Meer. Schade nur, dass er es nicht bedichtet hat … Überhaupt ist mir bisher noch kein einziges Fahrradgedicht untergekommen.

Rad-Roman

Immerhin einen Roman über das Fahrradfahren könnte ich nennen: »Der Mann auf dem Hochrad« von Uwe Timm (1984). Darin wird die Geschichte von Franz Schröder erzählt, der in Coburg Ende des 19. Jahrhunderts das Zeitalter des Radfahrens einläuten will, dabei aber auf erheblichen Widerstand stößt. Die Kirche ist – wie stets in solchen Fragen – gespalten. Der junge, fortschrittsfrohe Pastor Dah ist begeistert und wird einer der ersten Hochradfahrer des Städtchens. Leider kann er es auch beim Fahren nicht lassen, leutselig seine Gemeindeglieder zu grüßen, was zu einem Sturz, einer erheblichen Gehirnerschütterung und einer dadurch hervorgerufenen Gedächtnisstörung führt. Gerade erst hatte er ein Gespräch über seine Bewerbung auf eine Hauptpastorenstellen in Hamburg – Uwe Timm schreibt nicht, ob es »meine« war – geführt, da konnte er sich nicht mehr erinnern und musste das Gespräch wiederholen. Auf der Seite der Fortschrittsfeinde stand an vorderster Front Hauptpastor Hahn. Er war von der Gemeingefährlichkeit der neuen Erfindung überzeugt. Diese bestand nach seiner Auffassung und der seiner Gesinnungsgenossen nicht nur in der Unfall- und Verletzungsgefahr – für sie war das Rad eine Selbstverstümmelungsmaschine –, sondern viel grundsätzlicher in seiner Naturwidrigkeit, ja Perversität – schließlich sei der Mensch von Gott zum Gehen geschaffen worden und nicht zum Strampeln. Zudem gehe vom Rad eine arbeitsmarktpolitische Gefahr aus, besonders für das Schuhmacherhandwerk und die Droschkenkutscher. Auch werde die Kultur durch das Radfahren leiden – wer radelt, liest nicht. Und schließlich würden die Menschen, sollte das Fahrrad sich durchsetzen, weniger zum Gottesdienst gehen.

Rad-Film

Unvergesslich ist dieser Fahrradfilm. Er spielt in einem ärmlichen Vorort von Rom, in der bitteren Nachkriegszeit. Ein Mann hat endlich Arbeit gefunden. Als Plakatkleber. Dafür braucht er ein Fahrrad. Er kratzt seine letzten Mittel zusammen, um sein schon verpfändetes Rad auszulösen. Endlich kann er seine Familie ernähren. Doch gleich beim Kleben des ersten Plakats wird sein Rad gestohlen. Verzweifelt sucht er den Dieb und sein Rad. Vergeblich. In seiner Verzweiflung versucht er, selbst eins zu stehlen. Doch er wird festgehalten. Nur weil der Besitzer Mitleid mit dem erschütterten Sohn des Mannes hat, wird er nicht zur Polizei gebracht. Hand in Hand geht er mit seinem Sohn davon. Ende.

»Fahrraddiebe« von Vittorio de Sica gilt als eines der bedeutendsten Beispiele des italienischen Neorealismus. Er zeigt die Realität eines Lebens, das so arm ist, dass selbst ein Fahrrad keinen Platz darin hat.

Glöcklich

Es ist schön, glücklich zu sein, doch sollte man sich gelegentlich der Frage stellen, ob es so sinnvoll ist, das Glück zum Lebenszweck zu erklären. Es mag das höchste aller Gefühle sein, ist aber noch nicht das ganze Leben. Und nicht selten wird gerade das angestrengte Streben nach Glück zu einer besonderen Quelle des Unglücks.

Als sich Tony Buddenbrook nach langem Zögern doch dazu durchgerungen hatte zu heiraten, weil dies dem dringlichen Wunsch ihres Vaters entsprach (der Konsul wollte bestimmte Geschäftsverbindungen enger knüpfen), und sie an der Seite von Bendix Grünlich, den sie immer albern, ja sogar ekelhaft gefunden hatte, durch die große Säulenhalle ihres Elternhauses schritt – denn damals hielten die besseren Leute die Trauung zu Hause ab – und auf den Altar zuging, kaum ahnend, dass ihr Bräutigam ein Hochstapler und Betrüger war, der es nur auf den guten Namen ihrer Familie und die Mitgift von 80 000 Mark abgesehen hatte, während sie also mit zumindest gemischten Gefühlen auf Pastor Kölling zuschritt, damit dieser sie nun verheiratete, trat plötzlich ihre mütterliche Freundin Sesemi Weichbrodt, bei der sie als 15-Jährige in Pension gekommen war, auf sie zu, gab ihr einen schallenden Kuss auf die Stirn und sagte: »Sei glöcklich, du gutes Kind!"

Es ist gar nicht leicht, dieses »Sei glöcklich!" zu deuten. Zunächst erscheint es als Ausdruck einer tränenreichen Rührung, die nicht nur ältere Damen bei Hochzeiten zu überkommen pflegt. Doch zugleich schwingt eine Herablassung gegenüber der jungen Dame mit, die – gerade in dem Moment, da sie zur erwachsenen Ehefrau erklärt werden soll – noch einmal auf den Status eines »guten Kindes« herabgedrückt wird. Hierbei muss man bedenken, dass Sesemi Weichbrodt für Menschen, die einfach nur glücklich waren, eine gewisse Verachtung empfand. Aber vielleicht wollte die alte Pensionswirtin ihrer Pflegetochter einfach bloß einen frommen Wunsch mitgeben. Nur dass dieser wie eine düstere Prophezeiung, fast wie ein Hohn, wenn nicht gar wie ein Fluch klingen musste. Denn indem Tony Grünlich den Vorzug vor dem eigentlich von ihr geliebten, aber leider mittellosen Studenten Morten gab, hatte sie sich gegen ihr Herzensglück entschieden. Es ist eine bittere Ironie, dass über dieser fatalen Wegkreuzung zum ehelichen Unglück Sesemi Weichbrodts Glückwunsch steht. Oder ist es gar kein Wunsch, sondern ein Befehl? Trotz aller Sentimentalität und unfreiwilligen Komik wird hier ein erschreckend hoher Anspruch an Tony gestellt. Sie wird auf ein Ziel ausgerichtet, das sie eigentlich sowieso verfolgen müsste. Warum muss es ihr dann noch gesagt werden? Welchen Grund kann es haben, sie zum Glücklichsein zu ermahnen – und zwar gerade in dem Moment, da sie im Begriff ist, sich und ihr Liebesglück dem Vater zu opfern? Der einzige Sinn dieses Imperativs kann doch nur der sein, die Höhe ihres anstehenden Falls zu markieren. Oder klingt in ihm so etwas wie ein vorauseilender Trost an, ein allerdings ganz und gar hilf- und ahnungsloses Mitleid? In jedem Fall hätte niemand Tony Buddenbrook bei ihrem Gang zum Traualtar etwas Schrecklicheres sagen können als: »Sei glöcklich, du gutes Kind!«

Es gibt zum Weichbrodt'schen Glücksimperativ eine nicht-fiktionale und nicht-ironische Parallele. Sie findet sich in dem letzten Brief, den Alfred Kerr seiner Tochter Judith schrieb. 1933 war der berühmteste und bedeutendste Theaterkritiker, den Deutschland jemals besessen hatte, geflohen. Das englische Exil hatte ihm zwar sein Leben und das seiner Familie gerettet. Alles andere aber hatte Kerr verloren. Ohne sein Arbeitsinstrument und Lebenselement, die deutsche Sprache, war er jeder Perspektive auf Erfolg beraubt und musste fortan im kulturellen und materiellen Abseits leben. 1948 sollte er sterben. Seiner Tochter Judith, die in ihren bewegenden Jugendbüchern das Schicksal ihrer Familie in Flucht und Exil erzählt hat, aber hinterließ er diese Zeilen: »Du musst glücklich werden. Tu es.«

Wer sein eigenes Kind in dieser Weise auf die Spur zum Glück setzt, muss verzweifelt unglücklich sein. Unwillkürlich fragt man sich, was solch ein Befehl bei einem Kind anrichten mag. Wird es unbekümmert aufwachsen, sich sorglos ausprobieren, spontan spielen und sich bietende Freuden unschuldig genießen können? Einem weniger vom Schicksal geschlagenen Vater würde man ernsthafte Vorhaltungen machen müssen, sein Kind unter solch einen Druck zu setzen. Doch aus Alfred Kerrs Mund klingt dieser fatale Imperativ wie ein letztes – herzzerreißendes, mitleiderregendes – Festhalten am Glück mitten im tiefsten, nie mehr gut zu machenden Unglück. Denn das dürfte sein letzter Trost gewesen sein, dass – wenn schon nicht er selbst – wenigstens seine Tochter irgendwann einmal glücklich werden könnte.

Unglück ist also nicht nur die Abwesenheit und das Gegenteil von Glück. Der Keim zum Unglück kann auch in der angestrengten Ausrichtung allein auf Glück liegen. Die Allmacht des Glücksbegriffs, die Allgegenwart von Glücksbildern eröffnen keineswegs nur neue Spielräume für Lust und Freude, Erfüllung und Gelingen. Sie setzen dem Selbstverstehen und Selbstempfinden auch Leistungsstandards, formulieren emotionale Pflichten, die der Einzelne zu erfüllen hat. Sie kommen nicht nur als Angebote und Anreize daher, sondern auch als Imperative »Sei glöcklich!«, »Du musst glücklich werden!« oder mehrere Niveaustufen tiefer »Sorge dich nicht – lebe!«. Was sollte man denn auch sonst tun, als zu leben und zu versuchen, glücklich zu sein? Und sehr wahrscheinlich würde es einem deutlich leichter fallen, wenn niemand einen dazu anhalten würde. So aber folgt die ganz normale Glückssuche weniger einem elementaren Impuls der eigenen Natur als einer Anordnung, die den spontanen Genuss des Glücks – wenn es sich denn einstellt – unmöglich macht. Der Befehl oder auch nur der gut gemeint dringliche Ratschlag, man möge doch endlich glücklich werden, dürfte zu den sichersten Mitteln gehören, gerade dies zu verhindern.

Der hierzulande ganz unbekannte Frederick William Robertson, der selbst eine ganz furchtbar unglückliche Natur besessen haben muss – weshalb er mit nur 37 Jahren starb – und der dennoch einer der bedeutendsten Prediger und Theologen des 19. Jahrhunderts war, hat es in einer Predigt so auf den Punkt gebracht: »Glück ist die Befriedigung eines jeden unschuldigen Wunsches, und es liegt nicht in unserer Macht, einen jeden auch unserer unschuldigen Wünsche zu befriedigen. Darum ist glücklich zu sein, nicht unsere Pflicht. Nirgends heißt es in der heiligen Schrift: Du sollst glücklich sein; wohl aber: seid dankbar.«

Telefonfreiheit

Ein viel zu selten beachteter Vorteil des Radfahrens ist, dass man dabei nicht wirklich telefonieren kann. Manche versuchen es dennoch. Aber das macht einen ungeschickten, wenn nicht gefährlichen Eindruck. Einmal habe ich es vor vielen Jahren selbst getan. Eine Kollegin hat mich gleich dabei erwischt und tadelnd angelächelt. Seitdem tue ich es nicht mehr. Und habe nun noch einen weiteren Grund, gern Rad zu fahren. Denn nun hält nichts meine Gedanken mehr davon ab, während meiner Touren ganz von selbst abzuschweifen und zu mir zurückzukehren.

Im Reinen

Einem ganz und gar vergessenen Theologen des 18. Jahrhunderts, dem evangelischen Aufklärer Johann Joachim Spalding, verdanke ich die schönste, klarste und christlichste Definition von Glück: Mit sich selbst im Reinen sein und Gott zum Freund haben.

Lehrer der Glückseligkeit

Vom alten Propst Spalding stammt auch eine kleine, immer noch bedenkenswerte Liste von Eigenschaften, die ein Prediger besitzen sollte. Er sollte 1. ehrlich, 2. weise, 3. menschenfreundlich und 4. heiter sein.

Naturerfahrung

Regen im Gesicht und im Winter Schnee. Wind von vorn, von der Seite. Immer wieder Kälte und Nässe. Viel davon auch im Hamburger Sommer. Manche finden das unerhört oder gar unerträglich. Warum eigentlich? Das, was einem beim täglichen Fahrradfahren um die Nase weht, ins Gesicht bläst oder in den Nacken tropft, ist doch nichts anderes als die letzte Form von Naturerfahrung, die man als spätmoderner Großstädter alltags so machen kann.

Immer noch wird von älteren Moralpredigern – kirchlichen und nichtkirchlichen – geklagt, wir lebten in einer Zeit des Materialismus. Ich kann das nicht nachvollziehen. Es ist doch eher so, dass wir uns in einer Zeit der Dematerialisierung befinden. Die Möglichkeiten, der eigenen Materialität und derjenigen der Natur direkt zu begegnen, sind durch vielerlei technische Erfindungen reduziert worden. Der Kopf schwebt in digitalen Wolken, der Rest des Körpers sitzt in geschlossenen Räumen oder Beförderungsmitteln. Das ergibt ein sehr unmaterielles Leben. Manche bemerken, dass dies auch ein Verlust ist und fahren zur Abwechslung zum Wildwasserrafting in den Himalaja oder zum Marathonlaufen in die Wüste Gobi. Gelegentliches Fahrradfahren in der eigenen Stadt täte es aber auch schon.

Und gibt es ja doch auch im Norden sommerliche Momente: Freundlich beschienen, angenehm gewärmt, von barmherzigen Winden geschoben – so kommt man manchmal auch voran.

Glück im Unglück

Auch mit der Wahrheit muss man sorgsam umgehen. Es genügt nicht, sie zu finden, zu verinnerlichen und nach außen zu vertreten, man muss auch genau überlegen, wie und wann wer sie wem sagt. Das gilt besonders für die Wahrheit, mit der ein Mensch auch in der Not glücklich und mitten im Wohlleben unglücklich sein kann. Niemand hat dies so fein auf den Punkt gebracht, wie der alte Aufklärer Georg Christoph Lichtenberg:

»Ohne meine innere Überzeugung würde alle Ehre, Glück und Beifall der Welt mich nicht vergnügt machen können, und wenn ich meiner Überzeugung nach es bin, so kann das Urteil einer ganzen Welt mich nicht in diesem Genuss stören. Es ist einer von den Gala-Gedanken mittelmäßiger Schriftsteller geworden, den Bettler vor dem König glücklich zu preisen. Es ärgert mich nur, dass ihn so viele Leute sagen, deren Eigentum er nicht ist, er ist aber wirklich gegründet, ich glaube, dass es im Krankenbette oft besser zugeht als am ersten Platz der königlichen Tafel. Ich habe wenigstens in einer kleinen Kammer als Kranker im Bette zuweilen Augenblicke gehabt, die ich den glücklichsten meines übrigen Lebens ohne Scheu gleich setze; traurige auch, das versteht sich, aber auch ebenso traurige bei vollkommener Gesundheit außer dem Bette.«

Glückskind

Abschied zu nehmen, ist nicht nur traurig, sondern auch harte Arbeit. Zum Beispiel, wenn man das Haus der eigenen Eltern aufzulösen hat. Das ist eine aufwühlende, anstrengende und schwere Pflicht – für Körper, Seele und Geist. Manchmal aber entdeckt man bei diesem allerletzten, mühevollen Liebesdienst einen verborgenen Schatz, von dessen Existenz man gar nichts geahnt hatte. So erging es mir, als ich den Dachboden im Haus meiner verstorbenen Eltern leer räumte. In einer der vielen, seit Jahrzehnten ungeöffneten, im Dunkeln verstaubenden Kisten fand ich drei große Aktenordner. Darin waren Zeitungsartikel abgeheftet, die meine Mutter in den 1960er Jahren geschrieben hatte. Große, ausführlich recherchierte und schön platzierte Arbeiten. Ich hatte zwar – wie schon weiter oben berichtet – eine gewisse Erinnerung daran, dass sie in den 1970er Jahren gelegentlich Kolumnen für die Hamburger Lokalpresse geschrieben hatte. Aber von diesen viel aufwändigeren und ernsthafteren Artikeln vor allem für die Wochenendbeilage der *Frankfurter Allgemeine Zeitung (FAZ)* wusste ich nichts. Deren letzte Seite war damals noch mit »Die Frau« überschrieben. Hier konnte meine Mutter eine erstaunliche Anzahl von Texten zu Erziehungsfragen und sozialen Themen unterbringen.

Als Familienarchivar habe ich diesen Fund mit Freuden gehoben, entstaubt, gesichtet, sortiert und neu abgeheftet. Und ich habe mich festgelesen. Zum Beispiel in dem allerersten Artikel, den die *FAZ* von ihr gedruckt hat – und zwar am 19. Dezember 1959. Sie war gerade von einem einjährigen Aufenthalt in den Vereinigten Staaten zurückgekehrt und hatte von dort einen neuen Erziehungsratgeber mitgebracht, den Bestseller »The Common Sense Book of Baby and Child Care« von Dr. Benjamin Spock. In den USA hatte sich dieses Buch schon fast eine Million Mal verkauft (bis heute sollen es laut Wikipedia 50 Millionen verkaufte Exemplare sein). Aber in Deutschland war es noch weithin unbekannt. Und es trug Auffassungen vor, die hierzulande noch sehr erstaunlich waren, die meine Mutter aber mit großer Unbekümmertheit und Freude zu verbreiten half. Schon die Schlagzeile markierte das für die deutsche Leserschaft Überraschende: »Gehorsam ist kein Lebensziel«. Gegen die Vorstellung, ein Kind sei eigentlich ein Problem und müsse durch Zwangsmaßnahmen erst auf den rechten Weg gedrängt werden, setzte der amerikanische Kinderarzt seine »progressive education«. Diese fortschrittliche Erziehung stand genau in der rechten Mitte zwischen der schwarzen Pädagogik der 1950er Jahre und der ideologisch überspannten »antiautoritären Erziehung« der 1970er Jahre. Und sie war keine Geheimwissenschaft, sondern folgt ganz schlicht aus dem einen Grundsatz, dass Eltern ihr Kind vor allem lieben und im Umgang mit ihm dem eigenen Gefühl vertrauen sollten. Dabei ermutigte Spock die jungen Eltern auch, auf eigene Bedürfnisse Rücksicht zu nehmen und dem Nachwuchs Grenzen zu setzen. Dies aber nie unter Anwendung von Gewalt, sondern durch das eigene Vorbild. Strafen waren in dieser Erziehungsschule nicht vorgesehen, auch nicht all das, was damals sonst noch üblich war: Kinder, die nicht schlafen können, lange schreien lassen; auf ihr Hungergefühl keine Rücksicht nehmen, sondern sie nach der Stechuhr füttern; ihnen Gemüse aufdrängen und zum Aufessen nötigen; oder gar sie zu schlagen. Spock empfahl eben keine Erziehung der Strenge, sondern des Glücks.

Bündig hat meine Mutter die Erziehungslehre von Dr. Spock so zusammengefasst: »Der beste Weg zur Erlernung der Kindererziehung führt über ein freundliches Elternhaus der Erzieher selbst. Wer als Kind in einer glücklichen Familie gelebt hat, besitzt ein natürliches Selbstvertrauen, folgt seinem Herzen und den Richtlinien, die er in seiner eigenen Jugend erhielt, und hat keine Angst, etwas falsch zu machen. Er freut sich an seinem Kind, zeigt ihm seine Liebe und gibt ihm dadurch das Wichtigste: Sicherheit und einen festen Platz in der Welt. Aus einer solchen Erziehung erwächst dann sicher kein ›artiges Kind‹, kein ›Kind, das gehorchen gelernt hat‹ – eher ein Kind, das ein bisschen ungezogener wirkt als seine europäischen Altersgenossen. Aber in den meisten Fällen wohl ein glückliches Kind.«

Dr. Spock und seinen Bestseller kennt heute kein Mensch mehr. Aber diese Sätze aus dem längst vergessenen Artikel meiner Mutter darüber lohnen noch heute die Lektüre. Ich meine auch, dass man dieser Erziehungslehre einen religiösen Aspekt abgewinnen kann, spricht sich in ihr doch ein liberaler, gelassen-pragmatischer Protestantismus aus, den es in Nordamerika auch gegeben hat – ein schönes Gegenbild zum herben und autoritären Altprotestantismus deutscher Prägung. Mir jedenfalls hat Dr. Spock eine glückliche Kindheit beschert.

Radfahreraugen

In einem Punkt ist das Fahrradfahren wie das Lesen und Schreiben: Es wird nur dem eine persönliche Leidenschaft werden, der zumindest gelegentlich gern allein sein kann. All die vielen, langen Wege fährt man schließlich ganz für sich. Und selbst wenn man mit mehreren Freunden oder Familienmitgliedern unterwegs ist, muss man wegen der Enge der Radwege hintereinander fahren, kann sich also nicht unterhalten. Man kann anderes als im Auto auf dem Rad auch nicht telefonieren, das ist zu gefährlich, sieht auch viel zu wichtigtuerisch aus. So ist man auf dem Rad meist für sich. Das muss man mögen.

Wenn man aber allein Rad fährt, ist man keineswegs einsam und autistisch in sich versunken. Mit offenen Augen und ohne einen Blechpanzer um sich herum kann man die Umwelt betrachten. Man bewegt sich langsam genug voran, um einen ruhigen Blick auf die hellen oder dunklen Häuser, die schmalen Fußwege oder breiten Boulevards zu werfen, all diese so verschiedenen Menschen zu betrachten, welche die Stadt bevölkern. Es ist genug Zeit, Eindrücke zu sammeln von der Welt, die die eigene Heimat ist.

Und doch ist die Wahrnehmung des Dauerradfahrers eingeschränkt. Er hat ja doch eine andere Geschwindigkeit als die Fußgänger, kann leicht an den Langsameren vorbeidüsen, schaut stets von seinem erhöhten Sattel auf sie herab. Vor allem aber schleifen sich bei jedem, der regelmäßig Rad fährt, bestimmte Verbindungen und Bahnen ein. Er nimmt am Ende doch meist dieselben Wege, von zu Hause zur Arbeit, zu den Läden und wieder zurück. Instinktiv schlägt er dabei, ohne noch nachzudenken, die immer gleichen Routen ein. So ergibt es sich bald, dass er schon im eigenen Stadtteil an vielen Orten gar nicht mehr vorbeikommt. Um wie viel mehr bleiben ihm weite andere Teile seiner Stadt eine terra incognita.

Da ist es gar nicht so schädlich, wenn auch ein wenig lästig, wenn irgendetwas einen irgendwann zur Abwechslung dazu zwingt, nicht das Rad zu benutzen, sondern öffentliche Verkehrsmittel zu nehmen. Bus und Bahn halten nämlich manche Überraschung für ihn bereit. Plötzlich kann er nicht mehr vornehm Abstand zu seinen Mitmenschen halten, ist eingezwängt in eine dicke Transportmasse, steht dicht an dicht zwischen schwitzenden, durstigen, müden und missmutigen Männern, Frauen, Kindern und Jugendlichen. Verwundert fragt man sich, ob es früher auch so voll war? Und war es früher, als noch nicht so viel und so laut in den Abteilen telefoniert wurde, nicht leiser und entspannter? Haben sich früher schon so viele so unhöflich, ja roh in der Öffentlichkeit verhalten? Blitzartig überkommt einen das sehr unsympathische kulturpessimistische Gefühl, früher müsse es doch besser gewesen sein. Aber eigentlich sollte man sich über sich selbst wundern, wie viel an sozialer Veränderung man als Dauerradler nicht mitbekommt. Wenn man nach langer Unterbrechung wieder direkt neben Menschen sitzt oder vor ihnen steht, die ganz anders sind als man selbst, die eine andere Sprache sprechen, andere Kleidungsgewohnheiten pflegen, man auch psychisch auffällig wirkenden, süchtigen, einsamen und manchmal sehr armen Menschen nicht ausweichen kann, dann schämt man sich fast. Denn auf dem Rad wäre man ihnen nie begegnet oder an ihnen vorbeigefahren.

Glücksfremd

Früher war vieles anders, auch das Verhältnis zum Glück. Das alte Luthertum etwa pflegte eine Distanz zum Glück, die heute irgendwie eindrücklich, aber doch auch erschreckend wirkt. Eine dazu passende Anekdote aus der Kindheit Adolf von Harnacks geht mir nicht mehr aus dem Sinn, seit ich sie in seiner Biografie gelesen habe. Harnack war an der Wende vom 19. zum 20. Jahrhundert der wichtigste Repräsentant eines liberalen und glücksfreundlichen Protestantismus. Dies war ihm nicht in die Wiege gelegt. Denn er wuchs im Schoß des baltischen konservativen Luthertums auf. Sein Vater, Theodosius Harnack, war der bedeutendste Lutherforscher des 19. Jahrhunderts. Ihn und seine Frau Marie prägte eine ebenso tiefe wie strenge Frömmigkeit. Das Elternhaus war umdüstert von einer altlutherischen Sündentheologie und einem unerbittlichen Leistungsethos. Unbefangene Lebensfreude und freie Kindlichkeit fanden hier keinen Raum. Und dann starb seine Mutter, als Adolf sechs Jahre alt war. Nun widmete sich der Vater verstärkt der Erziehung seiner Kinder. Vor allem versuchte er, ihnen eine extreme Arbeitsdisziplin zu vermitteln. Als Erzieher war er kein helfender Pädagoge, sondern ein harter Leistungskontrolleur und unbestechlicher Richter. Zwar sollte dies Adolf später zugute kommen – er hat als erwachsener Mensch eine kaum noch vorstellbare Arbeitslast geschultert –, aber als Kind muss er gelitten haben. Die einzige Zerstreuung, die sein Vater zuließ, waren Spaziergänge in der Natur. Doch unter Spazierengehen verstand er kein freies Flanieren, sondern einen Gewaltmarsch. Viel zu schnell für die Füße und Augen seiner Kinder ging er voran. »Mit Blumenpflücken«, so hält seine Biografin, die Tochter Agnes von Zahn-Harnack, fest, »durfte man sich nicht aufhalten, und der kleine Adolf, der mit den Blumen, die ungesehen verblühen mussten, herzliches Mitleid hatte, gewöhnte sich an, mit der Hand an dem blühenden Ackersaum entlang zu streichen und dazu zu flüstern: Ich denke an euch!« In dieser heimlichen Geste des Kindes und seinem für den Vater unhörbaren Flüstern lag der Keim zu einem folgenreichen Protest, der Anfang eines Freisinns, der die starre Hülle des alten Luthertums zerbrechen und die Freiheit eröffnen sollte, dass zumindest gelegentlich beides zusammen sein kann: protestantisch und glücklich.

Freudensucher

Allerdings hätte der junge Blumenfreund Adolf sich seinem strengen Vater Theodosius Harnack gegenüber auf eine klassische Leitfigur des orthodoxen Luthertums berufen können, nämlich Paul Gerhardt. Diesem wäre es nicht eingefallen, seinen Kindern das Blumenbetrachten und -pflücken zu verbieten. Das lässt sich schon aus seinem Sommerlied »Geh aus, mein Herz, und suche Freud!« schließen. In ihm spricht sich ein unbefangener religiöser Weltgenuss aus. Dieses Lied fordert dazu auf, Freude zu suchen. Doch das ist etwas deutlich anderes, als nach Glück zu streben. Hier wird ein Imperativ formuliert. Aber anders als das ominöse »Sei glöcklich, du gutes Kind!« wird nicht zu einer besinnungslosen, zwanghaften Jagd nach dem Glück angestiftet. Vielmehr wird das eigene Herz aufgerufen, frei umherzustreunen. Es wird kein festes Ziel aufgestellt, kein Erfolg angepeilt, kein Gewinn geplant. Die Aufforderung an das eigene Herz, Freude zu suchen, soll nicht in eine vage Zukunft möglichen Glücks führen, sondern die Aufmerksamkeit für die eigene Gegenwart und die unmittelbare Umgebung schärfen. Es geht allein darum, aufmerksam für das zu werden, was am Wegesrand liegt und einfach nur schön ist. Denn dafür ein Auge zu haben, ist keineswegs selbstverständlich. Schon gar nicht in der Mitte des 17. Jahrhunderts, der Entstehungszeit dieses Liedes, als Deutschland nach dem Dreißigjährigen Krieg in Trümmern lag. Vor diesem Schreckensszenario entfaltet Gerhardts Lied eine befremdlich-befreiende Heiterkeit. Es ist das Lied eines Neuanfangs, des Versuchs, sich nicht von der katastrophalen Vergangenheit und den verdüsterten Zukunftsaussichten gefangen nehmen zu lassen, nicht im Unglück zu verharren und im eigenen Leiden zu verbittern, sondern den Weg ins Freie zu suchen.

Es ist ein langer Weg. Und so nimmt sich dieses Lied viel Zeit. In fünfzehn Strophen schreitet es gemessen Schrittes und mit einem langen Atem aus. Es braucht Geduld und Ruhe, damit Freude sich finden und entfalten lässt. Zugleich aber bedarf es einer gewissen Leichtfüßigkeit, wie sie Gerhardts Sprache eignet, die immer noch frisch und auf elegante Weise einfach wirkt.

> Geh aus, mein Herz, und suche Freud
> in dieser lieben Sommerzeit
> an deines Gottes Gaben;
> schau an der schönen Garten Zier
> und siehe, wie sie mir und dir
> sich ausgeschmücket haben.

Nichts läge diesem »Herzen« ferner als die leistungsfixierte Seelenenge eines Erzlutheraners wie Theodosius Harnack. Es schaut genüsslich und sorglos um sich herum, bemerkt die Pflanzen und Tiere, genießt den Anblick ihrer ganz und gar zweckfreien Schönheit und will nichts anderes, als einfach nur schauen: das grüne frische Laub der Bäume oder die luxuriösen Gewänder von Narzissen und Tulpen, welche die Seidenroben des sagenhaft reichen Königs Salomo in den Schatten stellen. So tritt das »Herz« aus sich heraus, löst sich aus der Selbstbefangenheit seines Unglücks und gewinnt eine neue Lebensweite. Es entdeckt, dass das alte Jammertal Erde mit Leben, Farben und Klängen erfüllt ist. Es hört die rauschenden Bäche, die singende Lerche, die hochbegabte Nachtigall, die summende Bienenschar. Es erkennt, dass dieses bunte Leben sich in Liebe weiterzeugt. Alle Welt pflanzt sich fort, sorgt sich um seinen Nachwuchs und freut sich an ihm.

> Die Glucke führt ihr Völklein aus,
> der Storch baut und bewohnt sein Haus,
> das Schwälblein speist die Jungen.

Doch diese etwas zu niedlichen Beispiele verbinden sich zum Gesamteindruck einer großen Macht. Die sommerliche Natur ist von einer massiven Vitalität erfüllt: Die Bienenschar ist »unverdrossen«, der Saft des Weinstock ist »stark«, und der »Weizen wächset mit Gewalt«. Diese kraftstrotzende Lebendigkeit weckt alle Sinne, rüttelt und schüttelt das »Herz« durch und beschenkt es mit neuer Lebensfreude. Zugleich aber hat das äußere Geschehen Folgen für die innere Welt. Der Sommer färbt auf den ab, der ihn erlebt. Er »kann und mag nicht ruhn«, singt mit, »wo alles singt«, und lässt, »was dem Höchsten klingt«, aus seinem Herzen »rinnen«. Sein Leben ist freies Fließen geworden. Und dieser innere Fluss hat ein Ewigkeitsmoment in sich. Er beginnt in dieser Welt, um sie zu übersteigen und – in den Schluss-Strophen des Liedes – von der schönen Sommerzeit zur seligen Ewigkeit zu gelangen.

Eigentlich müsste man dieses fromme Spaziergängerlied heute für Fahrradfahrer umdichten. Doch dafür reicht es bei mir lyrisch nicht, was vielleicht auch ein glücklicher Umstand ist.

Mittelglück

Es gibt Formen des Glücks, die zu unscheinbar, normal und alltäglich sind, als dass sie von denen, die sie besitzen, angemessen wahrgenommen und genossen würden. Was dann wiederum eine besondere Form des Unglücks ist. Das gilt ganz besonders von dem Glück der Mitte. Das ist ein selten bedachtes Ding. Lieber betrachtet man das Glück des Anfangs, des Aufbruchs: das Kinder-, das Jugendglück, die unbeschwerte infantil-juvenile Ekstase. Gern auch bedenkt man das Glück des Endes, des Rückblicks: diese nostalgieselige Erinnerungstrunkenheit, diese Lebensdankbarkeit mit einer Prise wohliger Resignation. Vergessen wird meist das Glück der Mitte. Es ist ein Stiefkind der Glücksforschung, was auch daran liegen mag, dass gerade die glücklichen Mittelalten und Mittelglücklichen kein rechtes Bewusstsein davon haben. Es ist erstaunlich, wie wenig sie ihre eigene Lage kennen, anerkennen und sich ihrer dankbar erfreuen. Sie haben wohl zu wenig Zeit, Ruhe, Muße beziehungsweise zu viel Arbeit, Verantwortung, Alltag, um auf sich selbst und das eigene Glück zu schauen.

Worin also besteht das Glück der Mitte? Hier könnte man manches sagen. Ich sage nur eins. Das Glück der Mitte besteht darin, dass ich meinen Ort gefunden habe. Längst habe ich meinen Ursprungsort verlassen, bin aufgebrochen, umhergeschweift, habe gesucht, neue Orte ausprobiert und nun endlich ihn gefunden: meinen Ort. Dieser hat viele Facetten.

Zum Beispiel eine berufliche. Das Glück der Mitte besteht darin, dass ich meinen Berufsort gefunden habe. Das ist für mich mehr als eine Stelle, nämlich ein Dienst und ein Amt, also ein professioneller und zugleich geistlicher Ort. Mir sind Menschen anvertraut, die ich kenne und die mich kennen. Ich trage für sie Verantwortung, und oft genug tragen sie mich. Das Glück der Mitte besteht sodann darin, dass ich mittelerfolgreich bin. Gar kein Erfolg ist nicht so schön, zu viel Erfolg aber ist verderblich. Das zeigt sich nicht nur beim finanziellen, sondern auch beim sozialen Kapital. Für Pastoren gilt ja die Regel: Sie sollen an ihrem Ort bekannt, aber nicht prominent sein. Bekannt zu sein, ist notwendig und erfreulich. Prominenz dagegen schadet der seelischen Gesundheit und charakterlichen Entwicklung. Sie ist ein Scheinglück, das darin besteht, dass andere, die man selbst gar nicht kennt, einen für glücklich halten und entsprechend bewundern oder beneiden, ohne dass es mit dem eigenen Glücks- oder Unglücksempfinden auch nur irgendetwas zu tun hätte. Prominenz ist also eine Form von Entfremdung. Das Glück der Mitte aber besteht ja darin, dass man nicht entfremdet lebt, sondern endlich weiß, wer man ist und wohin man gehört.

Nun jedoch gibt es in jedem Menschen eine Stimme, die wie der kleine Häwelmann ruft: »Mehr, mehr!« Dieser Stimme muss man widerstehen. Denn das Glück der Mitte besteht auch darin, dass man in der Lage ist, zu sagen: Es ist genug, es reicht. Eigentlich weiß man, dass Ruhmsucht und Karrierismus die Seele hässlich und das Herz krank machen. Aber es gibt eben diesen kleinen Häwelmann, der tief in einem ruft und ruft: »Mehr, mehr!« Zum Glück hat man als erfahrener Vater gelernt, überhitzte Kinder irgendwie dann doch zur Ruhe und zum Schlafen zu bringen. Es hat also nichts mit Resignation, sondern mit Glück zu tun, wenn man sagt: So wie es ist, ist es gut. Es ist genug. Denn ich habe meinen Ort gefunden.

Rad-Glück

Es ist schon einige Jahre her, dass die kleine Fahrradlobby öffentlich auf die Pauke schlug und forderte, Dienstwagen für Führungskräfte und Kilometergeld für die übrigen Angestellten wären eine himmelschreiende und umweltschädliche Ungerechtigkeit, endlich müssten auch Diensträder und Kilometerpauschalen für Radfahrer eingeführt werden. Daraus ist, wenn ich recht sehe, nirgends etwas geworden. Es ist auch nicht wirklich schade drum. Denn inzwischen hat sich die Lage deutlich geändert. Die fossilbefeuerte Massenmobilität hat stark an Attraktivität verloren. Die Millionen Pendler, die morgens und abends durch den Stau, den sie selbst verursachen, ja der sie selbst sind, von und zur Arbeit kriechen, wird niemand mehr beneiden. Arbeitswege, die so weit sind, dass man sie nur mit dem Auto zurücklegen kann, bringen einen echten Verlust an Lebensqualität mit sich. So viele Hörbücher kann man gar nicht hören. Noch schlimmer steht es um die Universitätsleute oder die Manager großer, internationaler Firma, die selten in derselben Stadt arbeiten, in der sie wohnen. Ihre Arbeitsverträge sind oft zu kurz oder zu unsicher, als dass ein Umzug sich lohnte. Sie können schon glücklich sein, wenn ihr Büro in ICE-Nähe liegt. Sonst müssen sie fliegen, tagein tagaus. Schön ist das nicht. Kein anderes Verkehrsmittel dürfte in den letzten Jahren so an Glanz und Prestige eingebüßt haben wie das Flugzeug. Da erscheint es schon wie ein Privileg, wenn man mit dem eigenen Fahrrad zur Arbeit kommen kann. Überhaupt ist das ja der letzte Luxus derer, die sonst alles haben: Ruhe, freie Zeit, selbstbestimmte Wege, Nähe zu den Dingen. Da verzichtet man doch gern auf den Firmen-Phaeton oder die paar Cents pro Kilometer.

∽ VIII. ∽

Immer noch Sommer –
Ferien und andere Reisen

Helden

Und dann einmal wenigstens kurz darüber nachdenken, wie es sich in anderen Erdteilen mit dem Fahrradfahren verhält. Ohne feste Straßen, von Radwegen ganz zu schweigen, ohne Verkehrsregeln und verlässliche Polizisten, die deren Einhaltung beachten, ohne Rücksicht der Lkw- und Pkw-Fahrer, in großer Hitze, auf weiten Wegen, die man mit einem alten, rostigen Rad ohne Gangschaltung, manchmal ohne Bremse und Licht bewältigen muss, nicht selten sogar ohne Gummischlauch und -mantel, weil man ein anderes Verkehrsmittel nicht bezahlen kann, selbst die vergleichsweise billigen Busse nicht, zudem schwer bepackt mit Waren aller Art, vom Dorf zum Markt und zurück, durch Wälder, über Berge und Flüsse, so in vielen Gegenden Afrikas, Asiens und Amerikas. Hier sind die wahren Helden des Radfahrens zu finden, nicht bei der unsäglichen und bitte endlich einzustellenden Tour de France.

Lesereise

Manchmal bekomme ich Fernweh. Ich lebe in einem engen Radius. Beruf und Familie beschäftigen mich vor Ort. Mein Hauptverkehrsmittel ist das Fahrrad. Auch in den Ferien bleibe ich in überschaubarer Nähe. Aber manchmal empfinde ich eben doch ein Weh nach der Ferne. Dann unternehme ich Lesereisen in ganz andere Welten. Eine hat mich kürzlich ins China des 19. Jahrhunderts geführt und mir die überraschende Erkenntnis verschafft, dass China einmal fast christlich geworden wäre und dass Jesus einen jüngeren chinesischen Bruder gehabt haben soll. Und das war so:

Es war einmal ein armer Dorflehrer. Er lebte in der ersten Hälfte des 19. Jahrhunderts, mitten im abgeschotteten China der Qing-Dynastie. Jahr für Jahr ging dieser Hong Xiquan zu den staatlichen Prüfungen in die Provinzhauptstadt, um ein konfuzianischer Beamter zu werden. Immer wieder fiel er durch. Einmal aber begegnete ihm der chinesische Helfer eines amerikanischen Missionars, der ihm heimlich ein christliches Traktat in chinesischer Sprache zusteckte. Er nahm es mit nach Hause und legte es irgendwo in seine Hütte.

Einmal hatte er nach wieder solch einer Enttäuschung einen Traum. Er war im Himmel, eine Frau kam, pflegte ihn und nannte ihn »Sohn«. Er wurde zu einem alten Mann gebracht, der sich als sein Vater vorstellte. Neben ihm stand ein mittelalter Mann. Der Traumvater saß auf einem Thron und trug einen goldenen Bart. Voller Zorn schimpfte er über die Menschen, die von Teufeln verführt Götzen anbeteten und Unzucht trieben. Es war ein langer Traum. Doch irgendwann erwachte Hong Xiquan. Anscheinend war er verrückt geworden, denn er schrieb auf ein Papier »Himmlischer König, Herr des königlichen Weges« und heftet es an die Tür seiner Hütte. Doch bald normalisierte sich sein Zustand. Er nahm die Arbeit wieder auf und bereitete sich auf die nächste Prüfung vor. Seinen Traum schloss er in sich ein, er konnte ihn nicht deuten, aber auch nicht vergessen.

Ganze sieben Jahre später erinnerte er sich an das Traktat, holte es hervor und las darin, dass es nur einen Gott gäbe, der einen Sohn gehabt habe, die allein verehrt werden wollten, weshalb aller Götzendienst verboten sei, so wie jede Form von Magie oder Unzucht, zudem seien alle Menschen Brüder. Das alles las Hong Xiquan. Plötzlich ging ihm ein Licht auf und er verstand seinen alten Traum. Diesem einen Gott war er begegnet, dem Vater, aber auch der Mutter, und seinem Sohn, seinem älteren Sohn. Und er selbst, nun wurde es ihm offenbar, war der jüngere Sohn, der kleine Bruder Jesu Christi.

Nun begann er sofort Jünger um sich zu sammeln und die Götzen in der Nachbarschaft zu zerstören. Viele Anhänger, vor allem aus den unterdrückten Volksstämmen, strömten ihm zu. Hong Xiquan begann einen Kampf des Guten gegen das Böse, für ein Reich Gottes hier auf Erden, einen apokalyptischen Endkrieg. »Taiping« nannte er sein himmlisches Königreich. Es wuchs gewaltig. Denn es waren unruhige Zeiten: Das Kaiserregime war schwach, Kolonialmächte drängten heran, es herrschten Korruption und Rechtlosigkeit. Von Nanjing eroberte Hong Xiquan mit seinem Heer von Glaubenskriegern weite Teile des Landes. Doch mitten im Kriege trieb er auch Theologie. Er übersetzte die Bibel – natürlich mit einigen Veränderungen in dem Sinne, dass in seiner Version auch ein zweiter Sohn Gottes vorgesehen war.

Fast hätte Hong Xiquan Peking und um ein Haar Shanghai eingenommen. Dann wäre China heute wohl ein christliches Land. Doch Taiping zerfiel in inneren Kämpfen, die Heere des Qing-Kaisers eroberten das Reich zurück. Am Ende, im Juli 1864, stürzten sich die restlichen Truppen in einen Massensuizid. Insgesamt soll es 20 Millionen Tote gegeben haben. Und die westliche Welt hat – bis heute – kaum etwas davon mitbekommen. Denn der Taiping-Aufstand war als schlimmster Bürgerkrieg der Weltgeschichte die letzte politische Menschheitskatastrophe vor der modernen Medienwelt. Und zugleich war er auch eine irgendwie geartete Form von Christentum.

Ach, Afrika

Eine andere Lesereise hat mich in den Kongo gebracht. Dort hatte nicht ein angeblicher Bruder Jesu, sondern eine Verkörperung des Heiligen Geistes gelebt und gewirkt. Und das war so:

Es war einmal ein armer Dorfbewohner im Kongo des frühen 20. Jahrhunderts. Im Kongo hatten die Belgier das wohl schlimmste Kolonialregime aller Zeiten errichtet. Ein ganzes Land hatten sie in den persönlichen Gulag des Königs verwandelt. Ein Viertel der Bevölkerung soll an Hunger, Zwangsarbeit und Massakern zugrunde gegangen sein. Mitten in diesem Elend wuchs Simon Kimbangu auf. 1921, er war 33 Jahre alt (so wie Jesus zu Beginn seines öffentlichen Wirkens), verbreitete sich die Nachricht, er könnte heilen. Hunderte und dann Tausende pilgerten in sein Heimatdorf Nkamba. So groß waren die Sehnsucht und dann die Freude, dass Gott endlich einen Tröster geschickt hatte. Das hatte doch Jesus versprochen: Mein Vater wird euch einen Tröster geben, einen Geist der Wahrheit, der euch in ein Leben der Liebe führt. Und so verrichtete Simon Kimbangu sein Werk, als wäre er die Verkörperung des Heiligen Geistes: tröstete, heilte, predigte, sammelte Jünger und unterwies sie. Seine Lehre war streng. Er verbot Alkohol, Tanz, Trommeln, Polygamie, Götzenglaube und Hexerei. Seine Jünger sollten ordentlich leben, dazu gehörten europäische Kleidung, zivilisierte Manieren, abendländische Kultur, so wie sie im Kongo eben zur Verfügung stand. Eigentlich tat Simon das, was die Kolonialherren selbst wollten. Aber dass er es eigenständig tat, war ihnen nicht recht. So griffen sie zu ihren bewährten Instrumenten, massakrierten seine Anhänger, jagten und fingen ihn, steckten ihn für die nächsten 30 Jahre, bis zu seinem Tod 1951, ins Gefängnis. Die Kimbanguisten erlitten friedlich ihr Martyrium und breiteten sich weiter aus. So überlebten sie das Kolonialregime, wurden unter Mobutu zu einer Macht und stellen heute die drittgrößte christliche Konfession im Kongo dar.

Heute wird sie von seinen Enkeln geleitet. Immer noch ist sie europäisch orientiert, aber auf afrikanische Weise. Und davon erzählt diese Geschichte: Vor wenigen Jahren, als im Kongo dieser furchtbare Bürgerkrieg tobte, ein ganzer Weltkrieg in einem einzigen Land, den Europa fast so wenig wahrgenommen hat wie damals den Taiping-Aufstand, ereignete sich in Kinshasa ein Wunder. In dieser zerstörten, terrorisierten, ausgeraubten, traumatisierten Stadt veranstaltete die Gemeinde der Kimbanguisten ein Symphoniekonzert. Afrikanische Musik war bei ihnen ja verpönt. Das Orchester bestand aus Musikern ohne Ausbildung, vernünftige Instrumente und ausreichende Noten. Es hatte kein Konzerthaus, keinen Etat, keinen Strom, keine Werbemöglichkeiten. Und doch gelang es ihnen, auf ihren wurmstichigen Geigen und geflickten Blasinstrumenten unter offenem Himmel ein richtiges Konzert zu geben. Mit Händels »Messias« und Beethovens 9. Sinfonie. Wie war das möglich? »Na ja, wir haben eben viel geübt«, erklärte der Dirigent. Es wird auch ein kräftiges Wehen des Heiligen Geistes wirksam gewesen sein, als die Kimbanguisten mitten im kaputten Kinshasa diesen deutschen Lobgesang anstimmten: »Freude, schöner Götterfunken, / Tochter aus Elysium, / Wir betreten feuertrunken / Himmlische, Dein Heiligtum.«

Ratten

Man hat doch gelernt, dass die Begegnung mit anderen Religionen nicht gefährlich ist, sondern den Horizont erweitert, in die Ehrfurcht führt, den Respekt schult und die Toleranz vertieft – gerade die Begegnung mit sehr fremden Religionen. Aber es gibt auch Grenzen, die sich so leicht nicht überwinden lassen. Ich war noch nie in Indien, habe aber vor Jahren einen Text des großen Reisereporters Hans Scherer gelesen, den ich nicht vergessen kann und der mich an eine solche Grenze geführt hat. Darin erzählt Scherer von seinem Besuch des Rattentempels von Deshnoke. In ihm werden Ratten als heilige Wesen verehrt. Vor dem Betreten des Tempels muss er Schuhe und Socken ausziehen. Drinnen bietet sich ihm dieses Bild: »Überall Ratten, Hunderte, Tausende von graubraunen, nicht allzu großen, irgendwie verkümmert, verwachsen aussehenden Ratten. Auf den Altären, auf den Figuren, im Rankenwerk der Fenster, überall. Vor unseren Füßen hockte eine offensichtlich kranke, wohl sterbende Ratte, die während unseres kurzen Besuches von mindestens drei kräftigen Ratten begattet wurde. Hinter dem Altar, wo sich das eigentliche Heiligtum befand, war der Boden schwarz bedeckt von wimmelnden Ratten. Nie habe ich befremdlicheres Schauspiel gesehen, abstoßend und faszinierend zugleich; dem frommen Hindugläubigen neben mir offenbarte sich das Göttliche in diesem animalischen Hexenkessel.« Was sagt dies über den Hinduismus aus? Und was sagt es über mich aus, dass ich jedes Mal beim Lesen dieser Zeilen vom Ekel geschüttelt werde?

Freund

Zum Vorherigen bildet die Geschichte einen guten Kontrast, die mir ein geschätzter, älterer Kollege erzählt hat. Es war in den 1980er Jahren, als er mit seiner Frau und seinem kleinen Jungen in das gerade gegründete Simbabwe gezogen war. Eine aufregende Zeit, besonders für Theologen wie ihn, die sich für Entkolonialisierung, Antirassismus, Entwicklungshilfe und Ökumene engagierten. Nur für seinen Jungen war es schwer. Er kam in einen Kindergarten, doch er sprach kein Englisch und fühlte sich fremd. Traurig ging er jeden Morgen los, und traurig kam er nachmittags zurück. Doch dann, nach wenigen Wochen kam er freude-strahlend nach Hause gesprungen. Sein Vater begrüßte und fragte ihn, warum er denn so fröhlich sei. »Ich habe jetzt einen Freund!«, war die Antwort. Der Vater freute sich, aber so liberal und antirassistisch er auch war, konnte er seine Neugier doch nicht lange bremsen und fragte, ob dieser Freund denn nun schwarz oder weiß sei. Sein Sohn antwortete: »Woher soll ich das wissen? Er ist doch mein Freund.«

Baumeln

In der Ferienzeit erfreut sich eine Floskel besonderer Be-liebtheit: Jetzt sei es an der Zeit, »die Seele baumeln zu las-sen«, hört und liest man hier wie dort. Dabei ist dies eine so unsinnige wie trübe Vorstellung. Als wäre die Seele ein er-müdetes Organ, das man nur noch herumbaumeln lassen könnte, weil sie zu sonst nichts fähig wäre. Wer jedoch in den Ferien seine Seele dahingammeln lässt, verpasst das Wesentliche. Selbst sein Urlaub gehorcht dem Diktat einer Gesellschaft, die nichts anderes zu kennen scheint als den öden Wechsel von Anstrengung und Zerstreuung, von Ver-dienen und Konsumieren.

Dabei gibt es eine Alternative. Sie trägt einen alten Na-men: »Muße«. Am besten übersetzt man dieses alteuropäi-sche Wort mit »Aufmerksamkeit«. Müßig zu sein, ist etwas anderes als dösen und dämmern. Es heißt aufmerksam wer-den für die Schönheit der Dinge. Für gewöhnlich lebt man so daher, in Atem gehalten von dem, was man erledigen muss. Die Muße löst einen aus dem ewigen Erledigungs-zwang und hilft, die Welt mit offenen Augen wahrzuneh-men. Dazu ist manchmal eine Reise in weite Fernen nötig. Sie kann die Sinne schärfen und ins Staunen führen. Wer je-doch die nötige Aufmerksamkeit aufbringt, kann auch ganz in der Nähe erstaunliche Schönheiten entdecken. In Hamburg genügt der Wechsel zu einem anderen Transportmittel, und schon hat man eine ganz andere Perspektive. Man steigt einfach in ein Boot, paddelt einen Alsterkanal entlang, und auf einmal erscheint die eigene Heimatstadt in einem ganz anderen Licht. Oder, ich muss es kaum sagen, man steigt auf das Rad und dreht seine Runden durch die örtlichen Parks oder die sommerferial verlassenen Quartiere. Ich fahre, ich rolle, ich schaue mich um, halte an, mache eine Pause, kaufe mir ein Eis – und wenn es eine Tour mit der Familie ist, gebe ich den anderen vielleicht auch eins aus. Irgendwann sind wir wieder zu Hause. Wir können anderen nichts Spektakuläres erzählen, aber wir haben doch viel erlebt.

Die Muße hat eine lange Tradition. Sie begann mit der antiken Philosophie und wurde vom Christentum vertieft und erweitert. Der christliche Glaube ist selbst eine Art von müßiger Aufmerksamkeit. Er löst sich von der Welt und schaut Gott in allen Dingen. Wer aber Gott wahrnimmt, entdeckt auch sich selbst neu. Er bemerkt, dass er selbst eine Seele hat. Ach, das hätte man zwischendurch ja fast verdrängt. Nun spürt man es wieder: Ich habe eine Seele, und die ist unendlich viel wert. Dann aber wäre nichts törichter, als die eigene, wiedergefundene Seele »baumeln« zu lassen. Dafür sollte sie einem nun wirklich zu schade sein. Besser wäre es, man hielte sich gerade in der Ferienzeit an Joseph von Eichendorff, den größten deutschen Seelendichter. Der wäre nie auf die Idee gekommen, seinen schönsten Schatz herunterschlenkern zu lassen. Im Gegenteil, er würde uns empfehlen, die Flügel unserer Seelen weit aufzuspannen und loszufliegen – in die Ferne, in die Nähe und dann wieder nach Hause.

Zivilisationskritiker zitieren gern die echte oder ausgedachte indianische Weisheit, wonach es nicht gut sei, das Flugzeug zu benutzen, weil die Seele nicht so schnell hinterherkäme. Mag sein oder auch nicht. Beim Radfahren jedenfalls stellt sich die Frage nicht. So schnell kann man ja gar nicht treten, dass die Seele das nicht schaffen würde.

Zudem geriete sie nicht in die Gefahr zu baumeln, denn sie müsste schon ein bisschen mittreten, was ihr gar nicht schaden würde.

Zum Auswendiglernen

Mein Lieblingskirchensommergedicht heißt »Dorfkirche im Sommer«, stammt von dem Hamburger Poeten Detlev von Liliencron und lautet wie folgt:

> Schläfrig singt der Küster vor,
> schläfrig singt auch die Gemeinde.
> Auf der Kanzel der Pastor
> betet still für seine Feinde.
>
> Dann die Predigt, wunderbar,
> eine Predigt ohnegleichen.
> Die Baronin weint sogar
> im Gestühl, dem wappenreichen.
>
> Amen, Segen, Türen weit,
> Orgelton und letzter Psalter.
> Durch die Sommerherrlichkeit
> schwirren Schwalben, flattern Falter.

Meer oder Berge

Früher war manches einfacher, weil es weniger Wahlmöglichkeiten gab. Glauben jedenfalls wir Gegenwärtigen. Ging es zum Beispiel in die Sommerferien, hieß die Alternative schlicht: »Fahren wir an's Meer oder in die Berge?« Inzwischen ist die Lage viel unübersichtlicher geworden. Wachsender Wohlstand, eine hochgerüstete Tourismusindustrie und eine völlig entgrenzte Reiselust haben es möglich gemacht, dass man seine Ferien überall und nirgends verbringen kann. Ich jedoch halte mich immer noch gern an die gute alte deutsche Urlaubsfrage: »An's Meer oder in die Berge?« Aber ich habe sie in diesem Sommer anders beantwortet als in den vergangenen Jahren. Diesmal nämlich sind wir in die Berge gefahren.

Um mich dafür in die rechte Stimmung zu versetzen, hatte ich ein wenig herumgelesen und war dabei – durch einen schönen Band mit biblischen Essays von Christian Heidrich – auf eine Geschichte gestoßen, die mir die theologischen Hintergründe des In-die-Berge-Fahrens gezeigt hat. Francesco Petrarca (1304–1374) war nicht nur einer der größten Dichter der frühen Neuzeit. Er war auch der erste Bergsteiger, von dem wir wissen. Lange hatte er den Wunsch in sich getragen, den 2000 Meter hohen Mont Ventoux in der Provence zu besteigen. Das ist ein für heutige Verhältnisse niedriger Gipfel, damals aber war seine Besteigung ein epochales Unterfangen. Als er endlich den Gipfel erreicht hatte, lag ihm die Welt zu Füßen. Weit schaute er zu den Alpen, über den Golf von Marseille, ins Rhonetal. Dann setzte er sich und schlug ein Buch auf, das er mitgenommen hatte. Es waren die »Bekenntnisse« des Kirchenvaters Augustin. Darin stieß er auf einen Satz, der ihn wie ein Schlag traf: »Und es gehen die Menschen, zu bestaunen die Gipfel der Berge und die ungeheuren Fluten des Meeres und die weit dahin fließenden Ströme und den Saum des Ozeans und die Kreisbahnen der Gestirne und haben nicht Acht ihrer selbst.« Plötzlich fühlte sich Petrarca tief beschämt: »Da beschied ich mich, genug von dem Berge gesehen zu haben, und wandte das innere Auge auf mich selbst, und von Stund an hat niemand mich reden hören, bis wir unten ankamen.«

Augustin hat Recht. Was nützen Fernreisen und Gipfelstürme, wenn man sich dabei selbst aus den Augen verliert? Dennoch habe ich mir meine Sommerpläne von ihm nicht ausreden lassen. Ich wollte beides verbinden. Ich wollte in die Ferne und in die Höhe, zugleich aber auch zu mir selbst kommen. Da ich leider kein besseres Augustin-Zitat zur Hand hatte, behalf ich mir mit einem Satz, den ich kürzlich bei dem großen und religiös höchst musikalischen Soziologen Georg Simmel (1858–1918) gelesen habe. Die Alpen, so schreibt er, sind »ein seelisches Fernbild, das selbst in den Augenblicken körperlicher Nähe wie ein innerlich Unerreichbares, ein nie ganz eingelöstes Versprechen vor uns steht und selbst unsere leidenschaftlichste Hingabe mit einer leisen Abwehr und Fremdheit erwidert.« Wer die Alpen bei seinen Wanderungen wie ein »seelisches Fernbild« betrachtet, für den kann die Sommerferienreise in die Berge zu einem regelrechten religiösen Abenteuer werden, zu einer Begegnung mit dem Erhabenen, das anzieht und verstört, zu einer Erfahrung des fernen und des nahen Gottes, zu dem Erlebnis, wie faszinierend und erschütternd seine Ewigkeit ist. Das kann man in den Bergen erkennen, wenn man denn das körperliche und das geistige Auge dafür hat – und so wahrhaft zu sich selbst kommen. Man kann dies aber natürlich auch am Meer erleben. Denn das Meer ist ebenfalls nicht nur ein profanes Urlaubsziel, sondern auch ein »seelisches Fernbild«. Womit die klassische deutsche Ferienfrage – »an's Meer oder in die Berge« – weiterhin offen bleibt.

Onkels Reise

Viele Menschen hinterlassen viel: Briefe, Fotos, Erinnerungsstücke. Von anderen ist sehr wenig erhalten, das ihr Gedächtnis bewahrt. Umso kostbarer ist es. Von meinem Onkel Heinrich ist kaum etwas geblieben: ein Kinderbild, ein paar Feldpostkarten von der Front, zwei, drei schnittige Fotos in Uniform, eine winzige Traueranzeige, gefallen 1944 mit 19 Jahren. Aber dann gibt es noch ein kleines Heft im Format Din A5, fast zwanzig Seiten eng auf der Schreibmaschine beschrieben, vorn ein Titelblatt »H. Claussen,

Fahrt durch's Land«. Darin erzählt er von seiner großen Fahrradtour, die er mit 14 oder 15 Jahren unternommen hat. Ganz allein. Von Berlin ging es zum Rhein und wieder zurück. Braunschweig, Hameln, Höxter, Westerwald, Sauerland, schließlich Koblenz, dann über Frankfurt zurück nach Berlin. Lange, einsame Fahrten, bei Sonne und Rückenwind, im Regen, mit viel Schieben bei jeder größeren Steigung, denn eine Gangschaltung gab es noch nicht, dafür hatte er hinten 50 Pfund Gepäck. Unterkommen in Jugendherbergen mit Jugendlichen aus anderen Landesteilen und Ländern oder Besuch bei nahen und sehr fernen Verwandten. Schön muss es gewesen und sehr frei. Das war im September 1939. Dann kam der Krieg.

Reich und arm

Für Pastoren bringen die Sommerferien die gute Gelegenheit, einmal bei Kollegen in den Gottesdienst zu gehen. Die Sommerferienpredigt, die mir am längsten im Gedächtnis geblieben ist, habe ich in Spanien gehört. Wir waren in einer ärmlichen Dorfkirche. Auf dem Altar standen ältliche Plastikblumen. Eine Orgel gab es nicht. Wenn der Priester Musik brauchte, drückte er auf einen Knopf auf dem Altar, und aus knatternden Lautsprechern kam irgendwas von Mozart, bis er es wieder abrupt ausschaltete. Die Menschen schienen ähnlich arm zu sein wie ihre Kirche. An ihren abgetragenen Sonntagskleidern konnte man ablesen, wie sie sich wohl alltags kleideten. Trotzdem hörte ich hier eine reichhaltige Predigt. Der Priester sprach über das Geld und dass man sich als Christ davon nicht gefangen nehmen lassen dürfe. Und er tat dies ruhig, klar, deutlich und seelsorgerlich klug. Aber ich fragte mich, wie seine Gemeinde dies hören würde – Menschen, die wenig Güter haben, die offenkundig nicht das Luxusproblem kannten, vom Reichtum übermannt zu werden, sondern die sich um ihren täglichen Euro sorgen mussten. Darf man auch die Armen vor den Gefahren des Reichtums warnen?

Einmal lief einer Jesus über den Weg. Der Evangelist Matthäus erzählt, dass es sich dabei um einen Jüngling gehandelt habe. Bei Markus ist es einfach nur »einer«, einer wie wir. Dieser eine läuft also zu Jesus und kniet vor ihm nieder. Ihn scheint eine große Sehnsucht anzutreiben. Alles beginnt ja mit der Sehnsucht: der Sehnsucht nach Sinn und Liebe, nach wahrem Leben. Sie macht, dass einer sein altes Leben verlässt und losläuft und niederkniet vor dem, von dem er die Gabe des wahren Lebens erwartet. Der eine also fragt Jesus: »Guter Meister, was soll ich tun, damit ich das ewige Leben ererbe?« Eine ehrfürchtige Anrede und dann die Frage aller Fragen: Wie finde ich das wahre, unvergängliche, gute Leben? Doch Jesus ist streng, herb und abweisend, wie so oft. Er macht es diesem einen gar nicht leicht: »Was nennst du mich gut? Niemand ist gut als Gott allein.« Er verpasst dem einen zuerst eine Abfuhr und dann eine gelangweilte Belehrung: »Du kennst die Gebote: ›Du sollst nicht töten; du sollst nicht ehebrechen; du sollst nicht stehlen; du sollst nicht falsch Zeugnis reden; du sollst niemanden berauben; ehre Vater und Mutter.‹« Der eine aber lässt sich damit nicht abspeisen und abwehren: »Meister, das habe ich alles gehalten von meiner Jugend auf.« Wieder eine ehrfürchtige Anrede und dann ein ehrlich klingendes Wort. »Das alles tue ich schon, ausdauernd und gern. Aber es reicht nicht. Es stillt meine Sehnsucht nicht.« Da sieht Jesus ihn an. Vorher hatte er das anscheinend nicht getan. Und was er sieht, gewinnt er lieb. Und gerade deshalb sagt er: »Eines fehlt dir. Geh hin, verkaufe alles, was du hast, und gib's den Armen, so wirst du einen Schatz im Himmel haben, und komm und folge mir nach!« Da verlässt den einen der Mut. Er packt seine Sehnsucht wieder ein, begräbt seine Hoffnung, verlässt den Meister des guten Lebens und geht traurig davon. Er hatte eben viele Güter.

Zurück zu der armen spanischen Kirche und dem alten katholischen Kollegen. Am Ende seiner Predigt über die Gefahren des Mammons tat er etwas, was ich nie tun würde. Aber wie er es brachte, fühlte ich mich angesprochen. Am Ende seiner Predigt schaute er nämlich hoch und sah seine Gemeinde an. Man merkte, dass er seine Pappenheimer kannte. Und er sagte, dass er ihnen drei ganz konkrete Ratschläge mitgeben wolle. 1. Sie sollten alle ihre Steuern, Gebühren und Rechnungen ehrlich und pünktlich bezahlen. Auch daran würde man gute Christen erkennen, dass sie steuerehrlich und ehrbare Kaufleute wären. 2. Sie sollten von ihrem monatlichen Budget einen festen Betrag für Spenden vorsehen. Denn es genüge nicht, wenn man spontan und je nach Laune Gutes tue. Man müsse es im eigenen privaten Haushalt festplanen. Und dann brachte er noch einen dritten Punkt. Den habe ich vergessen. Seitdem denke ich darüber nach, wie ich ihn füllen könnte.

Zurückkommen

Wenn die großen Sommerferien beginnen, glauben Pastoren, sie hätten viel zu sagen: Dass der Mensch nicht für den Beruf allein lebt. Dass Unterbrechungen lebensnotwendig sind. Dass die Erholung auch der seelischen Erhebung dienen sollte. Dass die freie Zeit eine gute Gelegenheit ist, den eigenen Glauben hervorzukramen und zu pflegen, also zur Besinnung zu kommen, aufmerksam zu werden für die Geschenke des Lebens und Dankbarkeit zu empfinden. Dies zu sagen, ist nicht falsch. In Zeiten des globalisierten Turbo-Kapitalismus wächst auch bei vielen Kirchenfernen das Bedürfnis nach Stille. Es ist nur sinnvoll, wenn die Kirche die Urlaubszeit nutzt, diese Sehnsucht nach Ruhe zu stillen. Die im Sommer überfüllten Kirchen an der Nord- und Ostsee sowie die beliebten Angebote der Urlauberseelsorge beweisen es.

Aber dass der Glaube viel mit Urlaub zu tun hat, ist nur die halbe Wahrheit. Es sollte einen stutzig machen, wenn der Glaube darauf beschränkt würde. Sollten Kirchen nur als »Räume der Stille« dienen? Dann würden sie zu christlichen Varianten der epidemisch sich ausbreitenden Wellness-Oasen schrumpfen. Das wäre ein schmerzlicher Bedeutungsverlust. Eine andere, mindestens ebenso wichtige Seite des christlichen Glaubens würde dann verdrängt werden. An sie sollte man sich zum Ende der Urlaubszeit und zum Beginn der zweiten Arbeitshälfte des Jahres erinnern. Sie zeigt sich im Begriff des »Berufs«.

»Beruf« – das war eine der wichtigsten Worterfindungen der Reformation. Martin Luther erklärte, dass nicht nur Priester und Mönche ihre religiöse Arbeit aus einer göttlichen Berufung ableiten sollten. Jeder Christ sei berufen, auch wenn er eine ganz profane Arbeit täte. Jeder sei berufen ein ehrbares Leben zu führen und seinem Nächsten zu Nutzen zu sein, seinen Beitrag für die Gesellschaft zu leisten – welchen Beruf er auch ausübe. Darin seien sich alle gleich: Bischöfe und Handwerker, Könige beim Regieren und Eltern bei der Kindeserziehung, Kaufleute und Theologen. Der Glaube lebe nicht in geistlicher Versenkung und meditativer Erholung, sondern in der profanen Berufs- und Familienarbeit, im gesellschaftlichen Engagement. Die eigentliche christliche Sinnerfüllung sei nicht in abgeschiedenen Klöstern, sondern im Berufsalltag zu finden.

Eigentlich müsste es also eine Freude sein, wieder an die Arbeit zu gehen. Dass sich in unserer Abwesenheit Papierstapel angesammelt haben und gleich am ersten Arbeitstag die Kollegen mit allerlei unerledigten Dingen auf uns zustürmen, sollte uns nicht nur aufstöhnen lassen. Zeigt es doch, dass wir gebraucht werden, dass wir eine wichtige Aufgabe haben, dass andere etwas von uns erwarten, dass sie auf uns angewiesen sind und wir ihnen, wenn wir unserer Verantwortung gerecht werden, wirklich helfen können. Dass wir anderen von Nutzen sein können, ist ein

Glück der besonderen Sorte. So seinen Beruf auszuüben, ist etwas anderes, als nur einen Job zu haben oder einen Karriereplan zu erfüllen. Es ist die Chance, ein gutes Leben zu führen und als Christ seiner Bestimmung gerecht zu werden. Das macht noch einmal deutlich, wie wichtig es ist, dass alle Bürger die Möglichkeit haben, in dieser Weise berufstätig zu sein: die Arbeitslosen, aber auch die vielen, die sich in ihren Jobs selbst fremd werden.

Eine reine Freude ist es natürlich nicht, wieder mit der Arbeit zu beginnen. Vielleicht helfen diese schönen Sätze des alten englischen Predigers Charles Haden Spurgeon (1843–1892) bei der nach-ferialen Resozialisierung: »Eine solche Religion möchte ich, die die Stiefel putzt und sie recht glänzend macht, die ein gesundes, wohlschmeckendes Essen zubereitet, die einen Meter Kattun misst und nicht einen Meter zu wenig gibt. Das ist das wahre Christentum, das unsere ganze Berufsarbeit durchdringt.«

Das erleichtert einem ja auch die Rückkehr in den Alltag zu Hause: Wenn man nach einer langen Reise in den Keller geht, das so lang verwaiste Fahrrad begrüßt, nach oben holt und die erste Runde dreht.

Die Anderen

Als frommer Christ meint man für gewöhnlich, man sei selbst gemeint. Wenn ein biblischer Text in die Gegenwart übersetzt wird, glaubt man, er wende sich vor allem an einen selbst. Es ist gerade für Gottesdienstgemeinden ein ungewöhnlicher Gedanke, nicht sie, sondern die anderen seien gemeint.

Jesus geht durch Nazareth. An vielen geht er vorbei. Denn er will zum Zoll. Da sitzt einer, den meint er: Matthäus, von Beruf Zöllner, Sünder und Ausbeuter. Ihm sagt er: »Folge mir nach!« Den anderen im Ort hat er dies nicht gesagt. Matthäus steht auf, geht mit. Gemeinsam ziehen sie los, vorbei an vielen Häusern. Dort kehren sie nicht ein. Im Haus des Matthäus aber steht ein großer Tisch. An dem sitzen noch mehr von seiner Sorte. An ihn setzt sich Jesus.

Draußen stehen die Nichtgemeinten: Synagogengänger, ordentliche Bürger, aber leider nicht geladen, nicht gemeint. Sie hören schlechtlaunig das Lachen, das aus dem Haus auf die Straße schallt. Als ein Jünger herauskommt, fragen sie ihn: »Warum isst euer Meister mit den Zöllnern? Und nicht mit uns?« Jesus hört das und lässt ihnen sagen: »Die Starken bedürfen des Arztes nicht, sondern die Kranken. Ich bin gekommen, die Sünder zu rufen und nicht die Gerechten.«

Und wenn unser normaler Gottesdienst eine Versammlung der Nicht-Geladenen, der Nicht-Gemeinten ist? Weil Jesus nicht für die Pastoren, Lehrer, Pensionäre, all die freundlichen Bürgersleut' gekommen ist, die sich dort zusammengefunden haben, sondern für den Hedgefond-Manager, die Bildzeitungsreporterin, den Schönheitschirurgen, die Society-Lady? Wäre das möglich, dass Jesus nicht für die Fahrrad-, sondern für die Porsche-Fahrer gekommen ist?

Klimasorgen

Es gehört zu den ein besonderes Unbehagen auslösenden Kennzeichen unserer Zeit, dass man ständig über das Wetter nachdenken und reden muss, dies aber kein Gegenstand unverfänglicher Konversation, sondern Anlass für eine diffuse Ängstlichkeit ist. Wollte man früher mit einem Fremden ins Gespräch kommen, redete man einfach darüber, was meteorologisch gerade der Fall war. Sofort landete man in der schönsten Unterhaltung. Denn das Wetter ist ein unerschöpfliches Thema, jeden geht es unmittelbar an, und im letzten kann es einem doch egal sein. Denn als moderner Städter hat man von ihm wenig zu befürchten. Inzwischen ist die Sache mit dem Wetter heikel geworden und gibt Anlass zur Sorge. Aber diese Sorge ist schwer zu fassen. Grundsätzlich scheint etwas nicht zu stimmen, nur dass man dieses Etwas nicht fassen kann und nicht begreift. Heuschnupfen zu Weihnachten, Waldbrandgefahr im April, herbstlicher Dauerregen den ganzen Sommer über. Bauernregel war einmal. Auch fällt es schwer, über das Wetter zu schimpfen. Ist das Hamburger Schietwetter nur wieder einmal lästig oder doch ein apokalyptisches Wetterleuchten? Kommt bald wieder eine Flut? Auch mag man sich nicht vorbehaltlos an den schönen Tagen freuen. Der helle Sonnenschein scheint einen Unheilsschatten mit sich zu bringen.

Vor kurzem habe ich in einem alten Gebetbuch Wettergebete gefunden. Besonders eines hat mich angerührt. Darin wird der liebe Gott um Sonnenschein gebeten: »Herr, wenn wir unsre Sünden beweinten, dürfte der Himmel nicht weinen. Weil wir aber so gar verhärtet sind, suchst Du uns mit diesem feuchten Wetter heim. Erbarme Dich doch der lieben Armen und jungen Kinder und verstopfe wieder die Fenster des Himmels und lass die liebe Sonne wieder scheinen.«

Was das Wetter angeht, schwanke ich wie ein Rohr im Wind zwischen Katastrophenalarm und Gleichgültigkeit. Dabei wäre es gut, auch im Verhältnis zum Klima ein rechtes Maß zu finden. Für uns, die wir nicht mehr an Donnergötter glauben, wendet ein Gebet keine Klimakatastrophe ab. Aber auf eine indirekte Weise mag es doch helfen. Vielleicht so: »Gott, gib uns die Kraft, mit Gleichmut das Wetter zu ertragen, das sich nicht ändern lässt. Gib uns den Mut, unseren Lebensstil zu ändern, wo er zu ändern ist. Und schenke uns die Weisheit, zwischen beidem zu unterscheiden.«

Der golden-nasse Herbst – Dankbarkeit und Reformation

Die fünfte Jahreszeit

Der schönste Fahrrad-Monat ist der September. Zwischen Sommer und Herbst liegt er genau in der rechten Mitte. Man weiß nicht recht – befindet man sich im Nachsommer oder schon im Frühherbst. Das Licht der Sonne ist noch da, aber es blendet nicht mehr. Es ist weder grell noch düster, sondern einfach hell. Es ist nicht heiß oder kalt, sondern bloß warm. Die letzten Mücken spielen in diesem warmen, goldenen Licht, einem Licht, in dem es schon erste schwarze Töne gibt. Es legt sich ein tiefes Altgold unter die Bäume. An denen bewegt sich kein Blatt. Die Stürme des Herbstes stehen noch aus. Es ist ganz still. Das Rad rollt rund ungehemmt. Und doch liegt eine Müdigkeit in der Luft. Die Natur beginnt sich niederzulegen wie ein ganz altes Pferd, das sich im Stall hinlegt. Sie hält den Atem an. Es ist, als wäre alles vorüber: geboren ist, gereift ist, gewachsen ist, gelaicht ist, geerntet ist – nun ist es vorüber. Eine schöne Müdigkeit macht sich breit. Ein letztes tiefes Ein- und Ausatmen in aller Ruhe, in tiefem Frieden. Fährt man durch Parks, Gärten, das grüne Umland, spürt man keine Lebensmüdigkeit, aber so etwas wie eine lichte Melancholie. Die Erde ruht – so wie Gott am Ende des sechsten Schöpfungstages geruht haben soll. Sie hält Sabbat, so wie Gott damals, als er sein Werk vollbracht hatte, alles anschaute und feststellte: Siehe, es ist alles gut. Es ist, als wäre alles da. Man möchte sagen: Augenblick, verweile doch, du bist so schön. Und man meint, als wäre in diesem Augenblick die Ewigkeit gegenwärtig. Doch das täuscht. Denn es dauert nur so vier, so acht Tage – und dann geht etwas vor. Eines Morgens steht man auf, geht hinaus, besteigt das Rad, fährt an und plötzlich riecht man den Herbst. Es ist noch nicht kalt oder nass oder windig. Aber etwas ist über Nacht geschehen. Es riecht auf einmal würzig. Etwas Herbes liegt in der Luft. Nun geht es in einen klaren Herbst, dem dunklen Ende entgegen. Doch traurig muss niemand sein. Es war ein großer September. Für einen Moment erstrahlte die ganze Welt in einer Schönheit, die ewig schien und doch endlich war. Man konnte endlich einverstanden sein mit diesem Leben, lebenssatt und dankbar.

(P.S.: Bevor jemand auf die Idee kommt, diese Zeilen einer Originalitätskontrolle zu unterziehen, gebe ich lieber gleich selbst zu Protokoll, dass alle wirklich gelungenen Formulierungen aus der Glosse »Die fünfte Jahreszeit« von Kurt Tucholsky stammen. Er möge mir diesen literarischen Mundraub verzeihen.)

Nichts Besonderes

Menschen, die nicht regelmäßig Rad fahren, begegnen Menschen, die dies tun, häufig mit einer Mischung aus Bewunderung und Befremden, nicht selten gewürzt mit einer Prise Spott. »Dass Sie bei diesem Wetter diesen weiten Weg mit dem Rad gekommen sind!« So als wäre man irgendwie nicht ganz richtig im Kopf. Dabei ist die Frage, ob man das Fahrrad nutzt, nur eine Sache der Übung und Gewohnheit. Man sollte gar nicht groß darüber nachdenken, welches Fortbewegungsmittel man bei welcher Witterung und für welche Strecke nutzt, sondern sich ohne Nachdenken, einfach weil man es immer tut, auf das Rad setzen. Dann wird man schon sehen: Radfahren ist machbar.

Ach, Joseph

Dicke Bücher stören beim Radfahren, dünne sind willkommen. Aber es scheint mehr dicke als dünne Bücher zu geben. Dabei könnte man doch so vieles so viel kürzer sagen. Meine Lieblingsbibelgeschichte etwa könnte man in einem einzigen Satz nacherzählen. Zum Beispiel in diesem:

Es war einmal ein ganz und gar verzogener Junge, den sein Vater – nicht zu seinem Vorteil – all seinen elf Brüdern vorzog, ihm zum Beispiel so feine Kleider gab, dass er glaubte, er wäre etwas ganz Besonderes, so dass er tatsächlich träumte, die Sonne, der Mond und elf Sterne würden sich vor ihm verneigen, was die Zuneigung seiner Brüder zu ihm nicht eben steigerte, vielmehr ihren Hass derart aufstachelte, dass sie ihn in eine Grube stießen, wo sie ihn verhungern lassen wollten, wäre nicht eine Karawane von Händlern gekommen, der sie ihn verkauften, wobei sie dem in seiner Affenliebe verblendeten Vater erklärten, ein wildes Tier hätte seinen Liebling gerissen, doch lebendig, wenn auch als Sklave kam der Junge nach Ägypten, wo er gleich an einen reichen Herrn verkauft wurde, der ihn in seinem Haus anstellte, was er nicht hätte tun sollen, da seine Ehefrau sofort ein Auge auf den schönen Jungen warf und wollte, dass er sich zu ihr lege, was dieser – so viel Gutes war doch in ihm – verweigerte, was natürlich der Frau nicht gefallen konnte, die – in ihrer Eitelkeit gekränkt – ihn vor ihrem Mann als Vergewaltiger denunzierte, weshalb der Junge wieder in eine Grube, diesmal in Gestalt eines ägyptischen Gefängnisses, geworfen wurde, wo er auf den ehemaligen Mundschenk und den ehemaligen Bäcker des Pharaos stieß, die ebenfalls in Ungnade gefallen waren, im Kerker hockten und Träume hatten, die der traumbegabte Junge ihnen lösen konnte, was sich herumsprach und schließlich sogar dem Pharao zur Kenntnis gebracht wurde, als schließlich auch dieser von nächtlichen Angstträumen – es ging um sieben magere Kühe – gepeinigt wurde, weshalb er so dankbar war, als der Junge dieses schreckliche Sorgenbild auflösen könnte, indem er sieben gute und sieben Hungersjahre vorhersagte und gleich die Empfehlung hinzufügte, die Überschüsse der guten Jahre sicher einzulagern, um davon die schlechte Jahre zu zehren, ein Vorschlag, der dem Pharao derart gut gefiel, dass er den Jungen zu seinem Kanzler machte, in welcher Funktion er dann später, als die schlechten Jahre kamen, wieder auf seine Brüder traf, welche die Not nach Ägypten getrieben hatte, die jedoch ihn – den nun erwachsenen hohen Herrn – nicht wiedererkannten, weshalb er sie auf eine harte Probe stellen konnte – er tat nämlich so, als hätte er ihren jüngsten Bruder beim Stehlen erwischt und würde ihn deshalb mit dem Tode bestrafen wollen –, doch hatte nicht nur er sich entwickelt, auch seine Brüder waren innerlich gewachsen – sie boten ihm nämlich ihr eigenes Leben für das ihres kleinen Bruders an –, woraufhin ihr verlorener Bruder sich ihnen offenbarte und ihnen verzieh und zwar mit den unvergesslichen Worte: »Ihr gedachtet es böse mit mir zu machen, aber Gott gedachte es gut zu machen!« – und endlich war alles gut.

Wal-Freude

Ich habe einen Onkel in Amerika. Er wohnt in der Nähe von San Francisco und schickt mir oft Bücher oder Musik. Manchmal sendet er mir aber auch per Email Zeitungsartikel über das große Meer, von denen er – immer zu Recht – glaubt, dass sie mich interessieren könnten. Meist geht es dabei um Religion und Politik. Einmal aber war es eine kleine Notiz aus der Lokalzeitung. Sie erzählt diese Geschichte: Vor der Bucht von San Francisco wurde ein Buckelwal gesichtet. Er war von einem riesigen Spinnennetz aus Angelschnüren, Fischernetzen und Krabbenfallen eingeschnürt, gefangen, wurde vom Gewicht der Fallen nach unten gezogen. Er konnte sich nicht befreien, kämpfte wild und immer müder werdend gegen das Ertrinken. Ein Fischer entdeckte den Buckelwal vor der Golden Gate Bridge und funkte eine örtliche Umweltgruppe an. Innerhalb weniger Stunden erschien ein Team aus Rettungstauchern. Diese sprangen sogleich ins Wasser und schwammen zu dem verängstigten Tier. Bei ihm angekommen, begannen sie mit Messern die Netze, Schnüre und Fallen abzuschneiden – vorsichtig, mühsam, Stunden lang. Ob der Wal verstand, was sie da taten? Er ließ es geschehen. Dann, endlich war die letzte Fessel durchschnitten, der Wal wieder frei. Er stürmt los, tauchte ab, sprang über die Wellen, drehte wilde Kurven. Als wäre er außer sich vor Freude. Doch gerade als die Taucher zurück auf ihr Boot wollten, hielt er inne und kam zurück. Vorsichtig schwamm er zu seinen Rettern und stupste jeden von ihnen, einen nach dem anderen mit seinem riesigen Kopf ganz sachte an, so als wollte er sich bedanken.

Eigentlich ganz zufrieden

Wenn ich abends eingeladen werde, dann sind es meist U-50-Parties: Die Gäste sind halt so wie ich um die fünfzig Jahre alt. Und wie es sich in dieser Lebensphase wohl irgendwie nicht vermeiden lässt, kommt jedes Mal sehr schnell die Sinnfrage auf. Nach ein, zwei Weingläsern oder drei, vier Bieren beginnen nacheinander der Rechtsanwalt, der Steuerberater oder der Arzt laut darüber zu grübeln, ob sie eigentlich den richtigen Beruf ergriffen haben, ob der Weg, den sie damals gewählt haben, überhaupt noch stimmt und was denn nun noch kommen soll, ob sie jetzt noch einmal »richtig angreifen« oder doch lieber ganz etwas anderes anfangen sollten. Ich denke dann natürlich auch über mich und meinen Beruf nach. Als Pastor hat man ebenfalls nicht selten Stress im Büro, Auseinandersetzungen mit Kollegen, plagen einen Finanznöte, misslingt manches, beschwert sich die Kundschaft. Doch andererseits erscheint mir mein berufliches »Thema« immer noch unerschöpflich zu sein. Zudem beschert mir mein Beruf in jeder Woche mit großer Verlässlichkeit mindestens drei, vier an und für sich sinnvolle Erlebnisse. Das ist doch eine ziemlich gute Quote. Wenn ich das sage, schauen mich einige der Gäste erstaunt und zweifelnd an.

Dank-Glück

Die Dankbarkeit ist die christliche Gestalt des Glücks. Wer für ein empfangenes Glück Gott dankt, dem bleibt es kein fremder Zufall, der ihn irgendwie getroffen hat, sondern der kann es aus einem absoluten und guten Willen ableiten, als unbedingt sinnvoll anerkennen und in das Bild des eigenen Lebens integrieren. Das, was einem anderen nur wie ein zufälliger Gewinn erscheint, ist für ihn ein Geschenk. Dankbar zu sein, ist also selbst ein Glücksgenuss.

Getrennte Ernte

Es gibt eine dünne Linie. Sie ist unsichtbar, und doch zerteilt sie die Menschheit in zwei Gruppen: in diejenigen, die haben, und die anderen, die entbehren. Die einen stehen auf der einen Seite und die anderen auf der anderen. Wer auf der guten Seite steht, weiß gar nicht, dass es bloß eine dünne Linie ist. Er meint, es wäre ein breiter Graben. So nimmt er die reichen Felder, die er aberntet, für die ganze Welt. Und das, was auf der anderen Seite liegt, ist ihm ein fernes Jenseits. Es ist ihm eine Denkunmöglichkeit, dass er irgendwann einmal selbst auf der anderen Seite landen könnte.

Am Erntedanktag wird in den Gottesdiensten häufig diese Geschichte aus dem Neuen Testament gelesen: Ein reicher Kornbauer hatte eine große Ernte eingefahren. Fest schien er auf der Sonnenseite des Lebens zu stehen. Alles woran er denken konnte, war: »Was soll ich tun? Ich habe nichts, worin ich meine Früchte sammle?« Als wäre die Lagerung seiner Reichtümer sein einziges Problem, und als ginge es nur darum, sein Kapital zu sichern: »Ich will meine Scheunen abbrechen und größere bauen und will darin sammeln all mein Korn und meine Vorräte.« Als wäre damit für alles gesorgt: »Dann will ich sagen zu meiner Seele: ›Liebe Seele, du hast einen großen Vorrat für viele Jahre; habe nun Ruhe, iss, trink und habe guten Mut!‹« So ein Idiot. Was wäre denn, wenn in dieser Nacht seine Seele von ihm gefordert würde? Wenn ein Schicksalsschlag ihn plötzlich auf die andere Seite schleudern würde? Wem würde dann gehören, was er angehäuft hat? Was bliebe übrig von seinem Leben?

Eine gute Ernte nur für sich behalten, ist idiotisch. Weise ist es, anderen von dem, was man geerntet hat, abzugeben. Geben ist gut. Noch besser ist es, fröhlich zu geben. Dies hat Paulus einmal einer seiner Gemeinden geschrieben – einer Gemeinde übrigens, die vorwiegend aus Sklaven und Kleinstbürgern bestand, armen Leuten, die ihr Leben jenseits der dünnen Linie zubrachten. Aber in den Augen des Apostels waren sie nicht arm, sondern reich und darum gefordert, aber auch befähigt, anderen zu geben: »Wer da kärglich sät, der wird auch kärglich ernten; und wer da sät im Segen, der wird auch ernten im Segen. Ein jeder gebe, wie er's sich im Herzen vorgenommen hat, nicht mit Unwillen oder aus Zwang; denn einen fröhlichen Geber hat Gott lieb.«

Es gibt eine dünne, harte Linie zwischen denen, die eine reiche Ernte feiern, und denen, die unter Missernten leiden. Doch sie soll für Christen nicht gelten und sie nicht trennen. Denn wer auf der gute Seite lebt, ist nicht Besitzer großer Güter, sondern nur deren Verwalter. Und wer von ihnen gibt, schlägt eine Brücke über die böse Trennlinie hinweg. Und wer auf der schlechten Seite lebt, ist deshalb niemand, der nichts hätte, sondern er besitzt besondere Lebenserfahrungen und Glaubenskräfte, die er weitergeben kann. So feiern am Erntedanktag in unseren Kirchen Arme und Reiche, Sklaven und Kornbauern gemeinsam.

Was eine Harke ist

Es ist schon so, dass das Auto an und für sich ein überdurchschnittlich lautes Gerät ist. Manche haben sich daran gewöhnt oder – besser gesagt – sich erfolgreich abgestumpft und desensibilisiert. Vor allem gelingt dies denen, die diesen Lärm verursachen. Wer im Auto sitzt, ist am besten vor Auto-Lärm geschützt. Arme Radfahrer! Für sie ist es einfach so: Autoverkehr ist zunächst und vor allem Krach. Und dieser Krach erhält seit einigen Jahren regelmäßig im Herbst eine unangenehme Verstärkung. Dann treten zu den viel zu vielen Autos ungezählte Exemplare einer noch lästigeren Erfindung hinzu: die Laubpuster. Von morgens bis abends wüten und lärmen sie, jagen das Laub gewaltsam zu groben Haufen, die dann von wüst schlürfenden Laubsaugern verschlungen werden. Dass die städtische Straßenreinigung sich dieser Maschinen bedient, ist wohl nicht mehr rückgängig zu machen. Dass aber immer mehr Privatgärtner sich der akustischen Herbstschändung anschließen, ist betrüblich. Und natürlich auch schädlich. Wertvolle Treibstoffe werden unnütz verbraucht. Viel freundliches, nützliches Kleingetier kommt im tödlichen Getriebe um.

Deshalb würde ich meinen Mitmenschen – jeden Herbst von neuem – so gern zeigen, was eine Harke ist. Natürlich nicht mit aggressiv gerecktem Zeigefinger, sondern in der liebenswert-lebensdienlichen Art, für die man mich kennt und schätzt. Denn früher, in der Vor-Laubsauger-Zeit war der Herbst eine goldene Zeit. Die Tage wurden kürzer, die Lüfte würziger. Eine zarte Dämmerung legte sich über das Gemüt. Satte, müde Dankbarkeit kam auf. Versonnen schaute das Auge in seliger Melancholie den Blättern zu.

Wie sie sich ins Rote und Braune verfärbten. Wie sie schwer und schwerer wurden. Wie sie sich von ihren Ästen lösten, sich den Winden anvertrauten, schwebten, flogen, sanken, schließlich zu Boden fielen. Das war eine schöne Zeit der Stille und des Staunens, des Trauerns und Träumens, in der man in großer Ruhe den Schöpfungskreislauf von Werden, Vergehen und Neuwerden bedenken konnte.

So war es. So ist es nicht mehr. Damit es wieder so werden kann, müssten die Menschen nur wieder zur guten alten Harke zurückkehren. Sie war doch so eine sinnreiche Erfindung: günstig in der Anschaffung, tier- und klimafreundlich sowie auf eine fast vornehme Weise leise. Wer sich ihrer bedient, zeigt ganz beiläufig, dass er Verantwortung für die Schöpfung übernimmt und Ehrfurcht vor dem Leben empfindet. Zudem erspart das herbstliche Harken aufwendige Meditationskurse im fernen Hinterindien. Das rhythmische »Krtz-Krtz-Krtz« kann eine spirituelle Muße bescheren, für die man kein Buddhist sein muss. Also, wenn die evangelische Kirche die Möglichkeit vorsehen würde, Handwerkszeuge heilig zu sprechen (was natürlich nicht der Fall ist), wüsste ich schon, welches – außer dem Fahrrad – ich bei der zuständigen Stelle vorschlagen würde.

Reformation feiern

Es schadet nicht, wenn man etwas über die Ursprünge kirchlicher Feste weiß, die man im Laufe eines Jahres so feiert. Nein, manchmal schadet es doch, weil man sie dann nicht mehr ganz so selbstgewiss begeht. Obwohl, dies kann bei einigen durchaus eine heilsame Irritation mit sich bringen. So im Falle des Reformationstages. Wer weiß schon, wann, wo und warum er entstanden ist? Hier die Auflösung: Zum ersten Mal wurde der Reformationstag am 31. Oktober 1617 begangen. Die Initiative war von der Theologischen Fakultät zu Wittenberg ausgegangen. Sie hatte den

Landesherrn und das Oberkonsistorium gebeten, dieses Datum zu einem großen Fest ausgestalten zu dürfen. Damit verband sie auch eigennützige Motive. Denn nach einer Hochphase unter Luther und Melanchthon hatte sie erheblich an Bedeutung und Studenten verloren. Mit einem neuen Reformationsfest wollte sie sich, auch in Konkurrenz zur Leipziger Fakultät, als die eigentliche feste Burg der lutherischen Orthodoxie »positionieren«, wie manche heute sagen würden. Dem Landesherrn kam diese Idee gerade recht, bot sie ihm doch die Gelegenheit, nicht nur an den Reformator, sondern vor allem an die Bedeutung seiner Familie für die Durchsetzung der Reformation zu erinnern und das eigene Gottesgnadentum feiern zu lassen. Was zunächst als eine einmalige und lokale universitäre Feier gedacht war, wurde zu einer der ersten breitenwirksamen außeruniversitären Jubiläumsfeiern der Neuzeit. Vorher hatte es in den lutherischen Gebieten sehr unterschiedliche Traditionen des Reformationsgedächtnisses gegeben. Hier feierte man die jährliche Wiederkehr der ersten evangelischen Predigt am Ort, dort die Einführung der jeweiligen reformatorischen Kirchenordnung. Oder man verwandelte den Martinstag in ein Martin-Luther-Geburtstagsfest. Jetzt aber beging man einen zentral geplanten Reformationstag. Es wurden Musterpredigten und -gebete herausgegeben sowie Festabläufe samt Anweisungen zu Glockengeläut und zu tragendem Ornat vorgeschrieben, die über die Superintendenten an alle Pastoren weitergegeben wurden. Hinzu kamen universitäre Festreden, Flugschriften und Theaterstücke. Mit großem organisatorischem Geschick gelang es, weit über Wittenberg hinaus eine einheitliche Feier zu gestalten. Dieses kursächsische Reformationsjubiläum, das drei Tage lang, bis zum 2. November, gefeiert wurde, wirkte bis ins 19. Jahrhundert stilbildend und wurde, was ursprünglich nicht geplant war, später zu einem festen Bestandteil des lutherischen Kirchenjahres. Es ist im Rückblick erstaunlich, wie es den Wittenbergern gelingen konnte, eine bei Lichte betrachtet wenig bedeutsame und zudem schlecht bezeugte Episode im kollektiven Gedächtnis als den eigentlichen Meilenstein der Reformation zu verankern. Es ist vor dem dunklen Horizont des heraufziehenden und im folgenden Jahr ausbrechenden Dreißigjährigen Krieges nicht überraschend, dass der erste Reformationstag von lutherischem Triumphalismus und konfessioneller Intoleranz geprägt war. Man feierte Martin Luther als von Gott gesandten Propheten und die lutherischen Kirche als Zion der Rechtgläubigkeit. Man vergewisserte sich der eigenen Heilsgeschichte dadurch, dass man sich hochaggressiv gegen Katholiken und Calvinisten abgrenzte. Personenkult und Konfessionshass sollten den Reformationstag lange prägen. Es bedarf erheblicher Übersetzungsanstrengungen und mehrerer Reinigungsgänge, um diesen Tag heute angemessen zu begehen.

Mein Luther

Auf der Fensterbank in meinem Arbeitszimmer steht Martin Luther: eine unterarmlange, dunkel-gräuliche Bleigussfigur. So wie man ihn zu kennen meint: ein ganzer Kerl, viril selbst im Gelehrten-Talar, aufrechtes Haupt, selbstbewusst vorgestellter rechter Fuß, die Heilige Schrift im starken linken Arm, die rechte Faust darauf gelegt. Vorn auf dem Sockel der übliche Spruch: »Hier stehe ich, ich kann nicht anders, Gott helfe mir! Amen!« Auf der Rückseite für die ganz Begriffsstutzigen: »Dr. Martin Luther«. An den unteren Ecken vier Adjutanten: zwei Ritter (Hutten und Sickingen), ein Fürst (Friedrich) und ein Theologe (Melanchthon). Dann noch zwei kleine Reliefs der Stadtkirche Wittenberg und der Wartburg. Zu dieser Kleinskulptur gehört ein Aufziehschlüssel. Steckt man ihn an der Unterseite in ein kleines Loch und dreht, dann erklingen einige altersmüde, bleierne Töne, denen man nur mit viel Geduld und Fantasie nachsagen kann, dass sie zusammengenommen »Ein feste Burg« ergeben. Meine Frau hat mir diesen Blei-Luther einmal geschenkt, um mir eine Freude zu machen oder um mich zu ärgern – ich weiß nicht recht. Wenn ich ihn so betrachte, fallen mir all diese Lutherdenkmäler ein, die ein triumphalistisch gestimmter Nationalprotestantismus vor über hundert Jahren fast überall in Deutschland aufstellte. Das war eine fatale kirchliche Mode. Als ein großer Bruder meines kleinen Luther-Denkmals für den Hausgebrauch im Jahr 1885 vor der Dresdner Frauenkirche aufgestellt wurde, hatte der damalige, dortige Superintendent folgendes zu verkünden: »Fest die Bibel in der Hand und die starke, männliche Rechte darauf ruhend – so steht er da, der teure Gottesmann, der Mann von Stahl und Eisen mit der Weihe des Glaubens und der Kraft, mit dem Felsenherzen eines Johannes des Täufers und mit dem Feuergeist eines Paulus, jeder Zoll an ihm ein Deutscher und ein Christ, ein deutscher Christenmensch aus einem Guss, mit dem kühnen großen Blick des Glaubens nach oben, hinauf zum alten Gott.« Dazu passen leider auch die Verse, die der damals beliebte Erbauungsdichter Karl Gerok zum Reformationstag verfasst hatte:

Martin Luther, Mann aus Erz,
Feuergeist und Felsenherz!
Horch, das Festgeläute ruft,
Steig empor aus deiner Gruft!

Als ans Thor dein Hammer schlug,
Zu zermalmen Priestertrug,
Sprang der Riegel stracks entzwei
Und die Geister wurden frei.

Deutsch sein Name, deutsch sein Blut,
Deutsch sein Trotz und Mannesmut,
Deutsch sein frommes Kinderherz,
Froh in Gott im Ernst und Scherz.

Ich bin nur froh, dass meine Spieluhr diese Verse nicht wiedergeben kann. Inzwischen aber haben wir uns aneinander gewöhnt, mein Blei-Luther und ich. Fast sind wir Freunde geworden. Und wenn ich so an meinem Schreibtisch sitze, nachdenke und schreibe, schaut er kritisch zu mir, als wollte er prüfen, ob ich meine Sache auch ernsthaft betreibe. Manchmal aber glaube ich fast, dass er zu mir herüberlächelt.

Mitleiden

Es gehört zu den unergründlichen Rätseln der christlichen Moral, dass das Mitleid als etwas gilt, das alle Christen empfinden und notleidenden Menschen entgegenbringen sollten, dass aber alle Menschen, selbst die frömmsten Christen, nichts so sehr vermeiden möchten, als eben bemitleidet zu werden. Es gibt ja eine goldene Regel, die auch im Neuen Testament aufgeschrieben ist, wonach man anderen nur das tun soll, von dem man möchte, dass es einem auch selbst getan wird. Man soll also andere nicht belügen, bestehlen oder töten, weil man selbst nicht getötet, bestohlen oder belogen werden will. Kann man diese sinnvolle Regel auch auf das Gebot des Mitleids anwenden? Das hieße dann, dass man andere nicht bemitleiden soll, weil man ja selbst nicht bemitleidet werden will. Aber vielleicht sind Mitleid und Bemitleiden doch zwei verschiedene Dinge. Dann wäre es die Aufgabe der Christen und anderer Menschen guten Willens, ihren notleidenden Nächsten nur die Form des Mitleids zu gewähren, die sie, sollten sie selbst einmal in Not sein, gern empfangen würden.

Nach Jerusalem

Zumindest mit einem biblischen Text verbindet mich ein eigenes Fahrrad-Erlebnis. Es ist fast dreißig Jahre her, dass ich nach dem Abitur eine Radtour durch Israel unternommen habe. Ich war von Tel Aviv aus die Mittelmeerküste nach Süden gefahren, dann gen Osten durch die Wüste hinunter zum Toten Meer gerollt, an dessen Küste entlang wieder nach Norden, bis ich nach Jericho kam, von wo aus ich nach Jerusalem hochradeln wollte. Nur hatte ich nicht bedacht, dass zwischen Jericho und Jerusalem ein Höhenunterschied von etwa 1000 Metern liegt. Mir stand also ein langer und steiler Anstieg bevor, auf den ich gar nicht vorbereitet war. Und dies durch eine wilde und leere Gegend. Kaum war ich abgestiegen, um mein Fahrrad nach oben zu schieben, ohne eine Ahnung, wie ich es je nach Jerusalem schaffen sollte, hielt ein barmherziger Israeli mit seinem VW-Bus vor mir an und lud mich samt Fahrrad ein. Nach einer Stunde war ich glücklich am Ziel.

Auf genau diesem Weg spielt die berühmteste Geschichte, die Jesus seinen Jüngern erzählt hat. Allerdings gehen die handelnden Personen diesen Weg in entgegengesetzter Richtung, nämlich von Jerusalem hinunter nach Jericho. Ach ja, und ob diese Geschichte wirklich immer noch so berühmt ist, wäre durchaus zu bezweifeln. Unvergessen der Konfirmand, der sich auf meine Frage, was denn ein Samariter sei, entschlossen meldete und freudestrahlend erklärte, das sei einer dieser japanischen Ritter. Natürlich wäre dies eine schöne Variante: die Geschichte vom barmherzigen Samurai. Doch leider konnte Jesus nicht auf die Idee kommen, eine Geschichte von einem stolzen, gewaltenthemmten japanischen Ritter zu erzählen, der sich zur Barmherzigkeit bekehrt. Dies hätte jenseits seines Horizonts gelegen. Deshalb hier noch einmal zur Erinnerung oder zur Erstbegegnung die Geschichte vom barmherzigen Samariter und an sie anschließend vier Fragen zu ihr.

»Es war ein Mensch, der ging von Jerusalem hinab nach Jericho. Er fiel unter die Räuber. Die zogen ihn aus, schlugen ihn, machten sich davon, ließen ihn halb tot liegen. Ein Priester zog dieselbe Straße hinab. Er sah den Menschen und ging vorüber. Ebenso ein Levit. Er kam zu der Stelle, sah ihn, ging vorüber. Ein Samariter aber, der auf der Reise war, kam dahin. Als er den Menschen sah, jammerte er ihn. Er ging zu ihm, goss Öl und Wein auf seine Wunden, verband sie ihm, hob ihn auf sein Tier, brachte ihn in eine Herberge, pflegte ihn. Am nächsten Tag zog er zwei Silbergroschen heraus, gab sie dem Wirt und sprach: ›Pflege ihn. Wenn du mehr ausgibst, will ich dir's bezahlen, wenn ich wiederkomme.‹«

1. Frage: Was ist gut? Gut ist es, dem Nächsten zu helfen.

2. Frage: Wer ist der Nächste? Der Nächste ist jeder, der in deiner Nähe ist und deine Hilfe braucht. Gut ist es also, einem notleidenden Menschen so zu helfen, dass er dein Nächster wird und du ihm ein Mitmensch wirst.

3. Frage: Wann weiß ich, wem ich helfen soll? Du weißt, wem du helfen sollst, wenn du dich von fremder Not berühren lässt, wenn das Elend eines anderen dich »jammert«. Alles Weitere – das Wundenreinigen und -verbinden, das In-die-Herberge-Bringen und das Alle-Auslagen-Begleichen – folgt wie von selbst.

4. Frage: Was ist böse? Böse ist es, anderen Menschen Gewalt anzutun. Böse ist es aber auch, an Opfern von Gewalt achtlos vorbeizugehen.

Zusatzfrage: Hätte Jesus sich vorstellen können, dass Priester und Leviten (oder Pastoren) nicht nur an einem überfallenen Menschen vorbeigehen, sondern dass sie selbst wehrlosen Menschen Gewalt antun, zum Beispiel Kindern, die ihrer Obhut anvertraut sind?

Der christliche Glaube ist das Salz der Erde, nicht die Sahne auf der Torte.

Verzeihen

Christen sollen nicht nur Mitleid empfinden und Nächstenliebe üben. Sie sollen zudem Menschen, die ihnen Böses getan haben, verzeihen. So heißt es im Neuen Testament, im Brief an die Epheser: »Zürnt ihr, so sündigt nicht; lasst die Sonne nicht über eurem Zorn untergehen und gebt nicht Raum dem Teufel. Alle Bitterkeit und Grimm und Zorn und Geschrei und Lästerung seien fern von euch samt aller Bosheit. Seid aber untereinander freundlich und herzlich und vergebt einer dem andern, wie auch Gott euch vergeben hat in Christus.« Das ist aber wahrscheinlich noch schwieriger und kostet mehr Selbstüberwindung als die emotionale und praktische Barmherzigkeit. Wie also geht »verzeihen«? Die Antwort findet sich in einer Kalendergeschichte von Johann Peter Hebel aus dem Jahr 1809. Sie heißt »Der Husar in Neiße«.

»Als im Anfang der französischen Revolution die Preußen mit den Franzosen Krieg führten, und durch die Provinz Champagne zogen, dachten sie nicht daran, dass sich das Blättlein wenden könnte, und dass der Franzos noch im Jahr 1806 nach Preußen kommen, und den ungebetenen Besuch wettmachen werde. Denn nicht jeder führte sich auf, wie es einem braven Soldaten in Feindesland wohl ansteht. Unter andern drang damals ein preußischer Husar, der ein böser Mensch war, in das Haus eines friedlichen Franzosen ein, nahm ihm all sein bares Geld, so viel war, und viel Geldswert, zuletzt auch noch das schöne Bett mit nagelneuem Überzug, und misshandelte Mann und Frau. Ein Knabe von 8 Jahren bat ihn knieend, er möchte doch seinen Eltern nur das Bett wiedergeben. Der Husar stößt ihn unbarmherzig von sich. Die Tochter läuft ihm nach und fleht um Barmherzigkeit. Er nimmt sie und wirft sie in den Brunnen und rettet seinen Raub.

Nach Jahr und Tagen bekommt der Husar seinen Abschied, setzt sich in der Stadt Neiße in Schlesien zur Ruhe, denkt nimmer daran, was er einmal verübt hat, und meint, es sei schon lange Gras darüber gewachsen. Allein, was geschieht im Jahr 1806? Die Franzosen rücken in Neiße ein; ein junger Sergeant wird abends einquartiert bei einer braven Frau. Der Sergeant ist auch brav, führt sich ordentlich auf, und scheint guter Dinge zu sein. Den andern Morgen kommt der Sergeant nicht zum Frühstück. Die Frau denkt: Er wird noch schlafen, und stellt ihm den Kaffee ins Ofenrohr. Als er noch immer nicht kommen wollte, ging sie endlich in das Stüblein hinauf, macht leise die Türe auf, und will sehen, ob ihm etwas fehlt.

Da saß der junge Mann wach und aufgerichtet im Bette und seufzte, als wenn ihm ein groß Unglück begegnet wäre und sah nicht, dass jemand in der Stube ist. Die Frau aber ging leise auf ihn zu, und fragte ihn: ›Was ist Euch begegnet, Herr Sergeant, und warum seid Ihr so traurig?‹ Da sah sie der Mann mit einem Blick voll Tränen an, und sagte: die Überzüge dieses Bettes, in dem er heute Nacht geschlafen habe, haben vor 18 Jahren seinen Eltern in Champagne angehört, die in der Plünderung alles verloren haben und zu armen Leuten geworden sein, und jetzt denke er an alles, und sein Herz sei voll Tränen. Denn er war der Sohn des geplünderten Mannes in Champagne, und kannte die Überzüge noch, und die roten Namensbuchstaben, womit sie die Mutter gezeichnet hatte, waren ja auch noch daran. Da erschrak die gute Frau, und sagte, dass sie dieses Bettzeug von einem Husaren gekauft habe, der noch hier in Neiße lebe, und sie könne nichts dafür. Da stand der Franzose auf, und ließ sich in das Haus des Husaren führen, und kannte ihn wieder.

›Denkt Ihr noch daran‹, sagte er zu dem Husaren, ›wie Ihr vor 18 Jahren einem unschuldigen Mann in Champagne Hab und Gut, und zuletzt auch noch das Bett aus dem Hause getragen habt, und habt keine Barmherzigkeit gehabt, als Euch ein achtjähriger Knabe um Schonung anflehte; und an meine Schwester?‹ Anfänglich wollte der alte

Sünder sich entschuldigen, es gehe bekanntlich im Krieg nicht alles wie es soll, und was der eine liegenlasse, hole doch ein anderer; und lieber nehme man's selber. Als er aber merkte, dass der Sergeant der nämliche sei, dessen Eltern er geplündert und misshandelt hatte; und als er ihn an seine Schwester erinnerte, versagte ihm vor Gewissensangst und Schrecken die Stimme, und er fiel vor dem Franzosen auf die zitternde Knie nieder, und konnte nichts mehr herausbringen, als: ›Pardon!‹ dachte aber: Es wird nicht viel helfen.

Der geneigte Leser denkt vielleicht auch: ›Jetzt wird der Franzos den Husaren zusammenhauen‹, und freut sich schon darauf. Allein das könnte mit der Wahrheit nicht bestehen. Denn wenn das Herz bewegt ist, und vor Schmerz fast brechen will, mag der Mensch keine Rache nehmen. Da ist ihm die Rache zu klein und verächtlich, sondern er denkt: ›Wir sind in Gottes Hand‹, und will nicht Böses mit Bösem vergelten. So dachte der Franzose auch, und sagte: ›Dass du mich misshandelt hast, das verzeihe ich dir. Dass du meine Eltern misshandelt und zu armen Leuten gemacht hast, das werden dir meine Eltern verzeihen. Dass du meine Schwester in den Brunnen geworfen hast, und ist nimmer davongekommen, das verzeihe dir Gott.‹ – Mit diesen Worten ging er fort, ohne dem Husaren das Geringste zuleide zu tun, und es ward ihm in seinem Herzen wieder wohl. Dem Husaren aber war es nachher zumut, als wenn er vor dem Jüngsten Gericht gestanden wäre, und hätte keinen guten Bescheid bekommen. Denn er hatte von der Zeit an keine ruhige Stunde mehr, und soll nach einem Vierteljahr gestorben sein.«

Johann Peter Hebel pflegte seinen Geschichten kleine Lehrsätze anzuhängen. Vor allem der zweite von ihnen ist es wert, auswendig gelernt zu werden.

»Merke: Man muss in der Fremde nichts tun, worüber man sich daheim nicht darf finden lassen. Merke: Es gibt Untaten, über welche kein Gras wächst.«

❧ X. ❧

November – dem Dunkel entgegen

Jüdische Nachbarn

Oft fahre ich an der neu gegründeten jüdischen Schule in meiner Nachbarschaft vorbei. Früher, als Student habe ich direkt gegenüber gewohnt. Doch damals war in diesem Gebäude eine Ausbildungsstätte für Archivare untergebracht. Und niemand erinnerte sich daran, dass hier die wichtigste jüdische Schule Hamburgs gewesen war. Gleich daneben hatte die größte Synagoge gestanden, bis sie in der Reichspogromnacht zerstört wurde. Zu meiner Studienzeit war davon nichts mehr sichtbar. Da war bloß ein besonders ungepflegter Parkplatz. Die Erinnerung an das jüdische Leben in meiner Nachbarschaft war vernichtet, vergessen, verdrängt, vergraben. Aber sie wurde wieder hervorgeholt. Die Synagoge ist nicht wieder aufgebaut worden, aber immerhin ist ein gestalteter Gedächtnis-Platz entstanden. Und die Archivaren-Ausbildung ist wieder einer jüdischen Schule gewichen. Auch die Geschichte dieser Schule ist ins Gedächtnis zurückgeholt worden. Daran hat, was mich besonders freut, eine alte Freundin meiner Mutter großen Anteil gehabt. Mit ihr fühle ich mich so verbunden, weil sie in Kindertagen meine Logopädin war. Sie hat verhindert, dass ich wegen meines damals hartnäckigen Stotterns auf eine Sonderschule abgeschoben wurde. Auch daran denke ich fast jedes Mal, wenn ich an der Talmud-Tora-Schule im

Grindelhof vorbeiradle. Vor allem aber denke ich oft an die Gedichte, die Ursula Randt in ihrem Buch über diese Schule gesammelt und aufbewahrt hat. Besonders an eines, das der Lehrer Benno Kesstecher geschrieben hat, nachdem er sich von vielen seiner Schüler hatte verabschieden müssen. Nach der Pogromnacht vom 9. November 1938 waren sie in »Kindertransporten« nach England gebracht worden. Dadurch entkamen sie den Mordprogrammen der Nationalsozialisten. Was für einen Preis sie, ihre Eltern, aber auch ihre Lehrer für dieses Überleben in der Fremde zahlen mussten, können keine historischen Analysen anschaulich machen, wohl aber dieses Gedicht.

Wenn Kinder geh'n und alles dies verlassen,
Das einst ihr Leben war, ihr Gut und Sein –
Und noch einmal mit einem Blick umfassen
Den Tisch, den Stuhl, die Truhe und den Schrein –
Und einmal noch erblicken in den Gassen
Die alten Häuser und den Brunnenstein –:
Dann scheint es, als sei all dies nie gewesen,
ein Märchen, nachts im Traume aufgelesen.

Wenn Kinder geh'n – an einem leisen Abend –
Ein Zug schrillt auf – und Rauch – und ferner Laut,
Und Mütter, ihren Kopf in Gram vergrabend,
Schaun, wie man in ein Fernes, Leeres schaut –
Und dann – in seliger Erinnerung noch einmal habend
Das Kindeslächeln – wenn der Morgen graut,
Stehn sie dem Tag gegenüber, den sie nicht verstehn,
Die nur den Traum und nicht das Leben sehn …

Wenn Kinder geh'n, und eine Welt erlischt,
Dann schweigt das Leben einen Atemzug,
Und wird zum Bilde und zum Vogelflug
Hin über Gärten, die, wie ein Gedicht,
Einst blühten, als man sie im Herzen trug.
Nun ist es Herbst … Und dumpf ist das Gewicht,

Das schicksalschwer auf dieses Leben schlug ...
Die Mutter fragt – doch Antwort weiß sie nicht ...

Benno Kesstecher, dieser ebenso junge wie hochbegabte Lehrer versuchte nach Belgien zu fliehen, wurde gefasst und im April 1944 im KZ Neuengamme ermordet.

Ziemlich letzte Fragen

Manchmal habe ich Kopfschmerzen. Das ist ein Zeichen, das mir wohl einfach alles zu viel war. Ich muss dann mein System herunterfahren und langsam wieder neu hochfahren. Meist sitze ich dann zu Hause und verrichte an meinem Schreibtisch leichte, gedankenlose Arbeiten. An solch einem Tag rief mich eine Journalistin an. Sie wollte eine Kolumne über ein ernstes Thema schreiben. Irgendwie war sie ganz verstört. Es seien in diesem Jahr so furchtbare Dinge geschehen, unsagbare Katastrophen. Und obwohl sie eine erfahrene Journalistin war, konnte sie all diese Schreckensmeldungen nicht mehr mit dem für ihren Berufsstand typischen routinierten Zynismus – »Die nächste Katastrophe bitte!« – wegdrücken. Irgendwie habe sie ihren guten alten Glauben verloren. Auf einmal mochte sie mit ihren Kindern abends nicht mehr beten. Was ich denn dazu sagen würde? Eine große Frage, zu groß für meinen kleinen, schmerzgeplagten Kopf. So stammelte ich in das Telefon, dass es doch nachvollziehbar sei, wenn ihr Glaube einen Knacks bekommen habe, dass dies zum Glauben doch dazu gehöre. Man müsse nur ein wenig in der Bibel blättern, um auf Verse zu stoßen, die an Gottes Güte und Allmacht zweifeln, mit Gott hadern und ringen. Dafür sei das Gebet doch schließlich auch da, dass man Gott klage und ihn anklage. Vielleicht wäre es jetzt für sie dran, sich von ihrem alten Glauben zu verabschieden und einen neuen zu suchen. Einen Glauben, der durch das Kreuz hindurchgegangen sei und der doch an Gott festhalte, weil dieser Gott, der in seinem Sohn selbst gelitten hat und gestorben ist, auch heute mitleidet, wo Menschen leiden, und mitstirbt, wo heute Menschen sterben. Das sei kein starker, allmächtiger Gott, der alles Schlimme wegmacht, sondern ein zarter und kleiner Gott, der manchmal selbst des Trostes bedürftig ist. Aber ein naher Gott. Das war es, was ich meiner Gesprächspartnerin an diesem Tag sagen konnte. Ich weiß nicht recht, ob ich ihr damit helfen konnte.

Brief

Es ist selten geworden, dass ich einen richtigen Brief bekomme – also einen Brief, der diesen Namen verdient, weil mir darin ein anderer wohl überlegt mitteilt, wie es ihm geht und was er denkt. Früher habe ich häufiger solche Briefe erhalten (und selbst geschrieben), die ich dann in eine Kiste gelegt habe, um sie dann und wann wieder hervorzuholen. Heute lese und schreibe ich tagtäglich ungezählte Emails, ohne auch nur eine einzige abzuspeichern. Aber kürzlich geschah es wieder einmal: Ich bekam einen richtigen Brief. Geschrieben hatte ihn mir ein – natürlich – älterer Herr, dessen Ehefrau ich vor Jahren beerdigt hatte. Ohne dringenden Anlass, einfach nur um sich mir mitzuteilen, schilderte er darin seine Gedanken über das Leben und den Tod, den Zweifel und den Glauben.

Ernst und ehrlich schilderte er, wie nah und wie fern er dem christlichen Glauben gegenübersteht. Sein Großvater sei noch ein streng lutherischer Theologieprofessor gewesen. Auch sein Vater war als Kirchenvorsteher seiner Kirche und seinem Glauben treu geblieben. In ihm selbst aber wohne eine große Skepsis. Er meine, dass man sich alle Aussagen darüber versagen müsse, was Erlösung und Auferstehung wirklich bedeuten mögen. Doch wolle er sich keinesfalls vom christlichen Glauben verabschieden. Auch nicht von der evangelischen Kirche, obwohl ihm diese in der Vergangenheit manchen Verdruss beschert habe. Vor allem das Singen im Kirchenchor habe ihn dabei bleiben lassen. Auch sei er von der Notwendigkeit einer christlichen Orientierung unserer Gesellschaft überzeugt. Die christlichen Tugenden blieben für unser Gemeinwesen, aber auch für jeden einzelnen unverzichtbar. Doch fügte er gleich hinzu, dass diese Einsicht in den moralischen und gesellschaftlichen Nutzen christlicher Werte noch kein Ersatz für den Glauben selbst sei.

Dass er nicht mehr so glauben könne wie seine Vorfahren, mache ihn nicht stolz. Vielmehr empfinde er ein Gefühl der Betrübnis und des Verlustes, wenn er gegenüber zentralen Glaubensaussagen des Christentums skeptisch bleibe. Die Dogmen enthielten für ihn keine unbezweifelbaren Wahrheiten, sondern wären nur Zeichen und Bilder, die eine verborgene Wahrheit und Verheißung anzudeuten scheinen. Unbeschadet dessen bleibe ihm Jesus der, welcher die Liebe unter die Menschen gebracht habe. Und wenn die verheißene Erlösung nur bedeute, dass die Seele zu einem universalen Ort – der Gott heißt – zurückfinde, so wie ein Wassertropfen im Ozean aufgeht, so könne er sich damit anfreunden. So fragte er am Ende seines Briefes sich selbst (und wohl auch mich), ob er sich bei all dieser Skepsis noch als Christ bezeichnen dürfe.

Am Ewigkeitssonntag gedenken wir im Gottesdienst der Verstorbenen des zu Ende gehenden Kirchenjahres. Die Namen der Toten werden verlesen. Für jeden wird eine Kerze entzündet. Da sehe ich viele wieder, mit denen ich an einem Grab gestanden habe. Nicht wenige von ihnen werden so empfinden und denken wie mein Brieffreund. Ob sie sich noch als Christen bezeichnen dürfen? Ich denke schon, denn das Christsein ist weniger ein Sein als ein Werden, sagt Martin Luther. Und eigentlich freue ich mich darüber, dass in unseren Gottesdiensten so unterschiedliche Menschen zusammenkommen. Einige sind sich des Glaubens gewiss, andere sind eher Suchende als Besitzende. Beide bilden gemeinsam die Gemeinde. Und beide haben einander nötig. Wie schön, wenn sie einander nicht feindlich gegenüberstehen, sich jeweils für etwas Besseres – für christlicher oder für nachdenklicher – halten, sondern einander bereichern mit ihren Fragen und ihren Antworten.

Trösten

Und wie geht »trösten«? Es gibt so viel Traurigkeit. Viele Menschen – ganz in der Nähe – bedürfen des Trostes. Es wäre an uns, ihn ihnen zu spenden. Das ist unsere Pflicht. Es könnte aber auch unser Glück sein. Denn wenn wir andere trösten, sind wir selbst wie getröstet und wissen gar nicht mehr genau zu sagen, wer hier eigentlich wem geholfen hat. Woran aber liegt es, dass es oft misslingt – aller guten Absicht zum Trotz? Eine Ursache dürfte die Ungeduld sein. Schlechte Tröster drängen und drängeln. Manchmal kommt dieses Drängeln im Gewand wohlmeinender Ratschläge daher. Natürlich kann es manchmal sinnvoll sein, einem Verzweifelten eine Handlungsanleitung zu geben. Aber das dürfte die Ausnahme sein. Meist liegt auf Ratschlägen kein Segen. Einem älteren Mann, der mir sehr nahe steht, ist das so ergangen. Seine Frau starb vor ihm. Das war ein Schlag. Und dann kamen diese Ratschläge. Ein ehemaliger Kollege zum Beispiel sagte: »Sie müssen sich eine neue berufliche Herausforderung suchen.« Der arme Witwer war aber schon 75 Jahre alt.

Trösten kann man wohl nur, wenn man sich Zeit nimmt und die Traurigkeit des anderen gemeinsam mit diesem aushält. Traurigkeit ist ein Teil des Lebens. Also muss man sie leben, durchleben, bevor man sie hinter sich lassen kann. Bei diesem Durchleben kann das Beten helfen, das stille und regelmäßige Beten in einer Gemeinschaft. Diese Erfahrung hat der New Yorker Literaturkritiker Leon Wieseltier gemacht und in einem dicken Buch beschrieben. Am 24. März 1996 war sein Vater gestorben. Obwohl er seit langem der Religion seiner Väter entfremdet war, beschloss Wieseltier, nach alter Tradition für seinen Vater das Kaddisch, das jüdische Trauergebet, zu sprechen: dreimal am Tag, im Morgen-, Nachmittags- und Abendgottesdienst, und dies ein Jahr lang, den alten Lobgesang Gottes, das Preislied auf seine Herrlichkeit.

Erhoben und geheiligt
werde sein großer Name
in der Welt, die er
nach seinem Willen erschaffen,
und sein Reich erstehe
in eurem Leben und in euren Tagen
und dem Leben des ganzen Hauses Israel
schnell und in naher Zeit,
sprechet: Amen!

Mit dem Entschluss, das Kaddisch zu sprechen, erhielt Wieseltiers Zeit der Trauer eine fromme Form, die Leere füllte sich mit einem Ritus und gewann über die Zeit einen anderen Charakter. Elf lange Monate, Tag für Tag, Kaddisch für Kaddisch: »Aus der Zeit der Trauer wurde eine Zeit der seelischen Erneuerung, auf die ich überhaupt nicht vorbereitet war.« Aber es ist nicht das Gebet allein, das ihn verändert. Auch die Wege zur Synagoge und von ihr zur Arbeit gehören nun zum Ritual seines Trauerjahres. Auch auf ihnen macht er erstaunliche Erfahrungen. Die Welt vor und nach dem Gebet erscheint ihm eigentümlich schön: »Bei Tagesanbruch lag ein urzeitliches Leuchten über der Stadt. Als ich zur Schul fuhr, war alles keusch.« Manchmal stellten sich regelrechte Epiphanien ein: »Heute Abend ging ich nach der Schul durch den Park. In der schwülen Sommerluft wimmelte es von Hunderten von Glühwürmchen, die aufleuchteten und erloschen, aufleuchteten und erloschen. Der Park war ein Raum schwebender, vergänglicher Intensitäten.« Dann wieder erschien die Welt wie verwandelt: »An diesem Sabbatmorgen schneite es, und als die Gottesdienste vorbei waren und wir nach draußen traten, haben einige beim Anblick der Schönheit den Atem angehalten. Alles war in Weiß getaucht ... Jeder Gegenstand war in ein Leichentuch gehüllt. Doch der Anblick hatte nichts Trauriges. Es war das Bild einer Verfeinerung.« Endlich, ganz am Schluss, nach einem langen Jahr scheint beim Beten selbst so etwas wie Schönheit auf. Bei der Enthüllung des väterlichen Grabsteins spricht Wieseltier ein letztes Mal das Kaddisch: »Ich stand in den Aschen des Zorns und sprach die Sätze des Lobes. War das meine Stimme? Es war kein Kummer mehr, was sie ausstrahlte. Verherrlicht, sagte ich. Geheiligt, sagte ich. Ich blickte nach oben, ich blickte nach unten, ich blickte in die Runde. Mit meinen eigenen Augen erblickte ich die Herrlichkeit.«

Erhoben und geheiligt
werde sein großer Name
in der Welt, die er
nach seinem Willen erschaffen,
und sein Reich erstehe
in eurem Leben und in euren Tagen
und dem Leben des ganzen Hauses Israel
schnell und in naher Zeit,
sprechet: Amen!

Träumen

Wenige Tätigkeiten sind so sinnvoll wie das Schlafen. Man legt sich hin, gähnt, schließt die Augen, sucht und findet die Ruhe, atmet tief, schläft endlich ein. Das Schlafen ist nicht nur passive Entspannung, sondern eine Tätigkeit anderer Art. Denn das innere Leben des Schlafes ist der Traum, die wohl intensivste Form des Denkens und Fühlens. Deshalb ist der Schlaf keineswegs der Bruder des Todes, sondern dessen glattes Gegenteil. Schade eigentlich, dass man immer viel zu wenig Zeit dafür hat. Wie schön wäre es, wenn ich mehr träumte, wenn ich mir meiner Träume bewusster wäre, wenn ich selbst nicht bloß im Schlaf ein Träumender wäre. Einer der unmittelbar einleuchtendsten Verse der Bibel setzt darum den Traum fast mit der Erlösung gleich: »Wenn der Herr die Gefangenen Zions erlösen wird, so werden wir sein wie die Träumenden. Dann wird unser Mund voll Lachens und unsre Zunge voll Rühmens sein.«

Das eigentliche Leben des Lebens, seine Wahrheit und sein Heil, ist ein Traum. Doch das Leben hat einen mächtigen Feind: den Tod. Dieser bricht alles Träumen ab, bringt auch kein Heil und keine Wahrheit. Er macht traurig und sagt eine Lüge. Er ist nicht nur grausam, mit seiner splitternackten Gewalt, sondern auch verlogen. Denn er sagt: »Es ist alles aus. Es ist alles gleich. Es ist alles nichts.« Der Tod ist ein Gleichmacher. Das Leben hat unendlich viele und verschiedene Gestalten. Seine Träume sind von unendlicher Mannigfaltigkeit. Auch sein Ende ist stets ein anderes. Jedes Leben hat seine Geschichte, jedes Sterben hat sein Gesicht: hart oder weich, freundlich oder böse, schmerzhaft oder sanft. Aber der Tod ist immer derselbe und macht aus allem dasselbe, nämlich Staub: aus Patienten und Ärzten, Mördern und Richtern, Heiligen und Sündern, Atheisten und Pastoren. Der Tod macht gleichgültig, als sei nichts etwas wert. Er ist schon ein geschickter Lügner. Denn in Wahrheit ist nichts gleichgültig. Jedes Leben, jeder Traum hat einen unendlichen Wert.

Ein anderer unmittelbar einleuchtender Vers der Bibel sagt: »Herr, lehre uns bedenken, dass wir sterben müssen, auf dass wir klug werden.« Derjenige ist klug, der seine Grenzen kennt und seiner Begrenztheit eingedenk nicht maßlos lebt, seine knappe Zeit also nicht verplempert, sondern sie mit Gutem füllt. Doch es ist eine reichlich trostlose

und im Grunde auch banale Weisheit, die sich darin er-
schöpft, der eigenen Sterblichkeit bewusst zu sein. Dem
Tod und seiner verlogenen Gleichgültigkeit muss man ganz
anders entgegentreten. Sinnvoller wäre es so zu beten:
»Herr, lehre uns träumen, auf dass wir wahrhaft weise werden.« Es gibt eine göttliche Trost-Wahrheit, die nicht vor
Augen liegt, die man nur träumen kann: »Wenn der Herr
die Gefangenen Zions erlösen wird, so werden wir sein wie
die Träumenden. Dann wird unser Mund voll Lachens und
unsre Zunge voll Rühmens sein. Die mit Tränen säen, werden mit Freuden ernten. Sie gehen hin und weinen und
streuen ihren Samen und kommen mit Freuden und bringen ihre Garben.«

Von Joseph Conrad, einem meiner Lieblingsschriftstel-
ler, ist mir ein auf fatale Weise einleuchtender Satz im Gedächtnis geblieben: »We live as we dream, alone.« Wir leben
so, wie wir träumen – allein. Im Traum sind wir ganz bei
uns – so sehr, dass wir niemandem daran Anteil geben können. Der alte Psalmist dagegen ging wie selbstverständlich
davon aus, dass ein Volk, eine Gemeinde gemeinsam träumen kann. Gilt das nur für vormoderne Zeiten, als das In-
dividuum noch nicht erfunden war?

Manchmal kann es noch heute geschehen, dass ein
Traum so klar und strahlend ist, dass er weitergesagt werden kann, damit auch andere in das Lachen einstimmen
können. Einmal hat mir eine junge Frau von solch einem
Traum erzählt. Die Mutter war ihr gestorben, deutlich vor
der Zeit, nach Monaten der Quälerei aus Diagnose und
neuer Diagnose, Chemo und OP und Reha und wieder
Chemo, nach diesem Strudel aus Angst und Hoffnung und
Wut und Gelassenheit und Verzweiflung und wieder Angst
und Hoffnung und Wut und Gelassenheit und Verzweiflung. Und dann war es aus, so als wäre ein böses Spiel
plötzlich abgebrochen. Die Mutter war gestorben. Aber
Abschied nehmen konnte die junge Frau nicht. Es war ihr
alles so unwirklich. Da kam ihr dieser Traum. Mitten in der

Nacht trat die Mutter in ihr Zimmer, setzte sich ans Bett, wie sie es so oft getan hatte, schaute sie an so wie immer. Und die Tochter fragte: »Bist du jetzt gestorben?« Und die Mutter sagte: »Ja, ich bin gestorben.« »Und du kommst nicht zurück?« »Nein, ich komme nicht zurück.« Eine Weile saßen sie still nebeneinander. Dann stand die Mutter auf und ging leise aus dem Zimmer, wie sie es immer getan hatte, wenn sie ihre Tochter zu Bett brachte. Die junge Frau wachte auf, weinte nun und war doch ganz getrost. Schlief ein, schlief wie seit Monaten nicht mehr. Am nächsten Morgen spürte sie in sich eine Kraft, die sie lange vermisst hatte. Die Trauer stand nicht mehr neben ihr, wie ein eisiger Schatten. Sie war nun ganz bei ihr, wie ein warmer Pulsschlag. Jahre später sprach ich sie noch einmal auf diesen Traum an. »Ja, das habe ich damals geträumt. Aber bei diesem Traum ist es nicht geblieben. Meine Mutter kommt immer wieder im Traum zu mir. Morgens sage ich meiner Familie dann, dass ich nachts Besuch hatte. Und der ganze Tag ist dann wunderschön.«

Richtigkeit

Von Bachs Johannespassion haben sich mir nur vier Verse ins Gedächtnis gegraben, aber auch die nicht ganz richtig. Sie lauten:

O Mensch, mache Richtigkeit,
Gott und Menschen liebe,
stirb darauf ohn' alles Leid,
und dich nicht betrübe!

Gemerkt habe ich mir diese Verse, weil sie einen schönen sprachlichen Stolperer enthalten. Was soll das denn heißen, dass man »Richtigkeit macht«? Im Leben geht es doch nicht um richtig und falsch, auch kann man das Richtige nicht einfach »machen«. Überhaupt stellt das evangelische Glaubensverständnis gerade nicht das richtige Machen in den Mittelpunkt. Aber stimmt das überhaupt? Es geht im Leben um viel, um das Gute, das wahrhaft Richtige und eine rechte Haltung, und dafür muss man sich dann auch einsetzen. Wohl dem also, der vieles richtig macht. Denn dieses »Machen« kann ein eigenes Glück sein, das Glück des Tätigseins.

Es richtig zu machen, darin äußert sich ein hoher Leistungsanspruch, der eine Stärke ist, aber auch eine Last. Und was ist schon groß an unseren Leistungen? Was davon haben wir selbst geleistet, und was verdankt sich glücklichen Umständen oder der Hilfe anderer? Wir sollten uns also auch nicht zu viel auf unsere Richtigmachereien einbilden. Wichtiger und wohltuender ist ja die Gott- und Menschenliebe.

»Stirb darauf ohn' alles Leid!«, lautet der dritte Vers. Doch irgendwie hat sich in meinem Gedächtnis eine andere Fassung eingenistet, nämlich »stirb darauf zu deiner Zeit«. So steht es zwar nicht in Bachspassion »Johannespassion«, so aber ergibt es mehr Sinn. Denn ohne Leiden geht das Ende nicht ab. Es wäre jedoch ein besonderer Trost, wenn ein Mensch nicht zu früh und nicht zu spät, sondern genau zu seiner Zeit stürbe.

Frömmigkeit

Mit der Zeit habe ich eine mich selbst überraschende Freude an einem eigentlich ziemlich ollen Wort entwickelt. Es heißt »Frömmigkeit«. Zugleich hat sich in mir eine gewisse Allergie gegen den allseits beliebten Begriff »Spiritualität« entfaltet. Der klingt zu verwaschen. Ich höre immer mit, wie ein Nordamerikaner – die haben ihn ja zum Modewort gemacht – ihn ausspricht: »ssbbiridschualiddii«. Auf Deutsch wiederum klingt er mir zu hochtrabend. »Spiritualität«, das soll wohl etwas besonders Bedeutsames und irgendwie Kompliziertes sein. Etwas, wo man viele mystische Bücher gelesen oder eine Reihe von Extra-Fortbildungen genossen haben muss. Etwas, bei dem ganz ungeheuer viel zu fühlen ist. Es wäre wohl besser, von »Spürituälität« zu reden, weil man hier so viel spüren muss. Man könnte abgekürzt auch von »Spüri« sprechen. Also, da gefällt mir die leicht ranzige »Frömmigkeit« in ihrer Normalität und unmodischen Bescheidenheit besser. Ich weiß, ich weiß, es klingt nach allem, was wir heute nicht mehr gern mögen: eine in sich selbst verdrehte Kirchlichkeit, eine hartherzige Bigotterie, pietistische Rechthaberei, Lutherrock und Pfarrfrauendutt, verhärmte Herren und lebensunfrohe Damen, die in ihrer Freizeit nichts Besseres zu tun haben, als in ungelüfteten Gemeindehäusern vor sich hinzubeten. Doch das sind nur Klischees. Der ursprüngliche Wortsinn von »Frömmigkeit« zielt auf etwas ganze anderes, nämlich auf ein Lebensglück ganz eigener Güte.

»Frömmigkeit« leitet sich nämlich von dem althochdeutschen »fruma« ab, das übersetzt »Nutzen« oder »Vorteil« heißt. Dieser Nutzen ist noch ganz unreligiös gemeint. Wenn man früher von einem »frommen Knecht« oder einem »frommen Ochsen« sprach, dann wollte man nicht die besondere Kirchentreue dieses Mitarbeiters oder jenes Arbeitstiers loben, sondern deutlich machen, dass beide gut arbeiteten und sich als nützlich erwiesen. Noch schöner heißt es in dem alten Choral: »O Gott, du frommer Gott«. Wie bitte, stutzt man zunächst, Gott ist fromm? Ist das nicht widersinnig? Ist es nicht. Wenn der Lieddichter Johann Heermann Gott als fromm bezeichnete, wollte er nicht die Rechtgläubigkeit Gottes – was sollte das auch sein? – herausstellen, sondern seine Nützlichkeit und Freundlichkeit feiern. Ähnliches ist in dem Paul Gerhardt-Vers gemeint: »Wach auf, mein Herz, und singe / dem Schöpfer aller Dinge, / dem Geber aller Güter, / dem frommen Menschenhüter.« Gott ist fromm, weil er den Menschen, die an ihn glauben, von Nutzen ist. Weil eben der Glaube an Gott für den Menschen in einem tieferen Sinne nützlich und beglückend ist, lebensförderlich und lebenssteigernd. Frömmigkeit ist also nur ein anderes Wort für die besondere Nützlichkeit und Lebensdienlichkeit des Glaubens.

Inwiefern ist er das? Auch das beschreibt das Lied von Johann Heermann auf eine kluge, aber auch überraschende Weise. Es stellt eine Frömmigkeit vor, in der die Kirche, die theologische Lehre, die spirituelle Praxis oder der Gottesdienst gar nicht vorkommen. Die Frömmigkeit, um die es hier geht, kommt ganz profan daher. Sie lebt nicht am Sonntag, sondern im Alltag. Es ist eine Lebens-, eine Berufsfrömmigkeit: »Gib, dass ich tu mit Fleiß, / was mir zu tun gebühret, / wozu mich dein Befehl / in meinem Stand geführet. / Gib, dass ich's tue bald, / zu der Zeit, da ich soll, / und wenn ich's tu, so gib, / dass es gerate wohl.« Fromm ist also, wer seine Arbeit gut tut, fleißig ist in seinem Berufsstand, ob Pastor oder Kaufmann. Fromm ist, wer die Dinge erledigt, nichts aufschiebt und vertrödelt. Wer so Verantwortung übernimmt, dem wird Gott es wohl geraten lassen.

Schön ist auch der dritte Vers des Chorals: »Hilf, dass ich rede stets, / womit ich kann bestehen; / lass kein unnützlich Wort / aus meinem Munde gehen; / und wenn in meinem Amt / ich reden soll und muss, / so gib den Worten Kraft / und Nachdruck ohn Verdruss.« Das sollte besonders mir als Pastor wohl eine Mahnung sein. Denn mein einziges Arbeitsgerät ist das Wort. Wie leicht, wie leichtfertig gehe ich damit um, rede schlecht und unnützlich. Ach, und wie schön wäre es doch, wenn ich in meinem Amt stets mit Worten reden könnte die Kraft haben und Nachdruck, die aber anderen keinen Verdruss bereiten.

Christliche Frömmigkeit ist das Gegenteil von Weltflucht. Der christlich fromme Mensch hat eine Aufgabe in dieser Welt und für diese Welt. Äußerlich unterscheidet ihn wenig von den anderen Bürgern. Er ist ja kein Mönch, der sich durch eine besondere Kleidung oder Lebensform von den anderen abhöbe. Von außen betrachtet, ist er wie alle anderen auch. Aber innerlich hat er doch hoffentlich eine andere Haltung, eine andere Motivation, einen anderen Geist, eine andere Liebe. Und wenn er seine Frömmigkeit pflegt, nach ihr lebt, sein Leben lang, dann werden das die Menschen um ihn herum spüren und dankbar bedenken. Aber natürlich, der Beruf ist nicht alles. Vieles misslingt. Äußere Umstände oder eigene Schwächen, Krankheiten, mangelnde Mittel oder Konflikte verhindern ein Gelingen. Aber es gibt auch die Frömmigkeitserfahrung, dass es sich dort, wo ich mich vergeblich abgemüht habe, doch zum Guten wendet. Die Reaktion darauf wäre Dankbarkeit. »Dankbarkeit« – das ist übrigens ein anderes Wort für »Frömmigkeit«. Noch ein weiteres Synonym heißt »Hoffnung« – die Hoffnung, dass Gott mich begleitet, führt und schützt, auch dann, wenn all meine Berufstätigkeit weit hinter mir liegt, wenn ich so richtig alt geworden bin. Dazu ein letztes Mal Johann Heermann: »Lass mich an meinem End / auf Christi Tod abscheiden; die Seele nimm zu dir / hinauf zu Deinen Freuden; // lass hören deine Stimm / und meinen Leib weck auf / und führ ihn schön verklärt / zum auserwählten Haufen.«

Das also ergibt eine schöne und sinnige Wortreihe: der fromme Gott, der fromme Christ, der fromme Knecht, der fromme Ochse – und natürlich auch: das fromme Fahrrad.

Ausrollen

Ein Buch unterscheidet sich von einem Rad dadurch, dass es einen Anfang und ein Ende hat. Letzteres ist hier erreicht. Was könnte an diesem Ende stehen? Schön wäre ein biblischer Vers gewesen, der etwas über das Rad oder das Fahren sagt, das den kleinen Horizont dieses Buches übersteigt. Immerhin einige wenige alte Gesangbuchverse konnten zusammengesucht werden. Sie seien zu einem freundlichen Schlussgruß zusammengefügt:

In Gottes Namen fahren wir,
wir lassen fahren, was das Herz betrübt,
und fahren in die Freude.

Dankbare Hinweise auf Bücher und Autoren
(zugleich Anregungen zum eigenen Weiterlesen)

Zu Seite 20: Theodor Haecker, Tag- und Nachtbücher 1939–1945, hg. von Hinrich Siefken, Innsbruck 1989.

Zu Seite 28 (und 75 ff. und 95 f.): Georg Christoph Lichtenberg, Sudelbücher, hg. von Franz H. Mautner, Frankfurt/Main 1984.

Zu Seite 29: Das Nietzsche-Zitat habe ich aus dem immer noch sehr lesenswerten Essay »Götterdämmerung. Auf der Suche nach Religion« von Volkhard Krech (Bielefeld 2003).

Zu Seite 53: Ludwig Greve, Wo ich hingehöre. Geschichte einer Jugend, Frankfurt/Main 1994.

Seite 59 f.: Peter Gan: »Er«, aus ders.: Ausgewählte Gedichte, © Wallstein Verlag, Göttingen 1994. Wem diese feine, kleine Auswahl nicht genügt, dem sei die dreibändige Gesamtausgabe empfohlen (ebenfalls im Wallstein Verlag erschienen).

Zu Seite 63 f.: Man vergleiche hierzu Rainer Maria Rilkes »Briefe an einen jungen Dichter«.

Zu Seite 66 ff.: Vgl. Christian Butt, Kindertheologische Untersuchungen zu Auferstehungsvorstellungen von Grundschülerinnen und Grundschülern, Göttingen 2009.

Zu Seite 68: Ricarda Huch, Der Dreißigjährige Krieg, Frankfurt/Main 1974.

Zu Seite 83 f.: Trutz Rendtorff: Das Ja vor das Nein stellen, zuerst erschienen in: Evangelische Kommentare 1980 (mit freundlicher Genehmigung des Autors).

Zu Seite 87 f.: Czeslaw Milosz: Gabe, aus ders.: Zeichen und Dunkel, hg. von Karl Dedecius, © Suhrkamp Verlag, Frankfurt am Main 1979.

Zu Seite 108 ff.: Wer die ganze Geschichte von Hong Xiuquan kennenlernen will, der greife zu »God's Chinese Son. The Taiping Heavenly Kingdom of Hong Xiuquan« von Jonathan D. Spence (New York 1996).

Zu Seite 111 f.: Insgesamt sehr empfehlenswert ist »Gott und die Krokodile. Eine Reise durch den Kongo« von Andrea Böhm, München 2011.

Zu Seite 112 f.: Hans Scherer, Stopover. Ein Jahr in Reisen, Frankfurt/Main 1995.

Zu Seite 116 f.: Für die Anregung danke ich Christian Heidrich, Auf der Suche nach der Glut. Essays zum Evangelium, Freiburg 2006.

Zu Seite 145 f.: Benno Kesstecher: »Kindertransport« in: Ursula Randt: Die Talmud Tora Schule in Hamburg, Dölling und Galitz Verlag, Hamburg 2005. Dieses Buch ist überhaupt sehr zu empfehlen.

Zu Seite 149 ff.: Leon Wieseltier, Kaddisch, München 1998.